U0069429

北宋能臣

范仲淹

林正國——編著

目錄

楔子

和范仲淹特別相識的原由

　　高中國文課程的老師有三位，其中何光國是一位很多堅力批評的地方，聲音又非常尖銳，挑起筆者對國文感興趣漸深的主因，所以詩詞曲等都喜嘗試創作，不多但玩的成份較重，讀到岳陽樓記，就對范仲淹起很大的景仰情素，先天下之憂而憂，後天下之樂而樂，出防邊境的豐功偉績，那麼范仲淹如何以一個文人主持邊事之下，能贏得如此稱號，原故何在？必定是很精彩。然後主持慶曆新政，如何做？團隊如何？著手先後如何等等，也一定非常精彩有理。

為何要研究范仲淹

　　目的從立言角度達到為往聖繼絕學，是筆者選擇筆耕的問題，那麼研究誰寫誰比較好呢？蔣介石說「生活的目的在增進人類全體之生活，生命的意義在創造宇宙繼起之生命」。為往聖繼絕學這句話出自〔張子全書・近思錄拾遺〕載張橫渠之理想抱負：「為天地立心，為生民立命，為往聖繼絕學，為萬世開太平。」前二句是人對

社會的責任，後二句是人對歷史的責任。就歷史之延續，文化之傳遞，人負有承先啓後之責。爲萬世開太平，即〔中庸〕所言平天下之意，爲張子最遠大的理想。

張載這個人與范仲淹面對過，他天資聰穎，少年喪父，性格早熟。因當時西夏經常入境侵擾，他一度醉心兵事，想在疆場建功立業，二十一歲時曾向時任陝西經略安撫副使的范仲淹上《邊議九條》，陳述自己的見解。

范仲淹在延州（今陝西延安）軍府召見了他，認爲這位儒生志趣不凡，見識超群，可成大器，便勸他說：「你是儒生，當以弘揚聖人名教爲事業，何須研究軍事！」與范仲淹的會面改變了張載一生的命運，宋朝少了一位可能的將軍，卻多了一位曠代大儒[1]。

張載（1020 年～1077 年 12 月 6 日），字子厚。北宋陝西鳳翔郿縣（今陝西眉縣）橫渠鎮人，世稱橫渠先生。他是程顥、程頤的表叔，北宋五子之一，理學家、哲學家。理學中，關學的開創者，也是理學的奠基者之一。

宋眞宗天禧四年（1020 年），出生於關中長安（今西安）。名源於《周易・坤卦》：「厚德載物」。從小聰穎，十歲時隨外傅習讀。

宋仁宗嘉祐二年（1057 年）進士，歷授崇文院校書、

---

[1] 原文網址：https://kknews.cc/history/3xozp8a.html

知太常禮院。後其弟監察御史張戩，因反對王安石變法遭貶，橫渠遂辭官。歸家後，專注於讀書講學，開創「關學」，名震一時。

宋神宗熙寧十年（1077年），經秦鳳帥呂大防薦舉，授知太常禮院。因與有司議禮不合，復以疾辭職。回郿縣（今陝西省寶雞市眉縣）途中，冬十一月十八日病逝於臨潼（今陝西省西安市臨潼區），因貧窮而沒錢置辦喪禮，弟子們買了棺材，將靈柩抬回安葬。

買良田供親族藉以謀生，當時名為義莊，甚麼因緣下辦理，如何管理而能歷經八百餘年，其中奧秘何在？

岳陽樓記心胸，不以物喜，不以己悲，先憂後樂是如何景況有如此宏亮胸襟？抵禦西北外侮夏王令其聞范喪膽是如何做得到的？這些想知道的問題，轉化成一股動力來進行范仲淹的研究，可以得到答案了解，而加以傳承下去。

朋黨鬥爭應對

朋黨在宋朝也是有名的文化，歐陽修為此寫一篇朋黨論，論述非常精彩，朋黨是領導者大隱憂之一，范仲淹常常為國舉才，推薦培養訓練使成為國家可用之人才，因為認為「得人則國治，失人則國亂」，一有爭論點正反兩方過於堅持則真的成為朋黨。按理在朝為官同

僚，都是為國服務，只要沒有私心，也不執著不至於有朋黨，而皇帝的調和鼎鼐工夫，都顯較弱的較小的皇帝時代容易誤信而產生此其一。在朝為官，不定有時因理念不合，因辦法與皇帝不符，因為事情觀點與眾不同被誣陷被貶在外，學生及或引薦者於理上會為己說話，就此被認為同黨，此其二。有這種氛圍的朝廷裡，人人自危，即使被貶官出京，也沒有人送行，除了一兩位親人及捨命陪君子者敢來送，此其三。

歐陽修說：「大凡君子與君子，以同道為朋；小人與小人，以同利為朋；此自然之理也。～自古有之，惟幸人君辨其君子小人而已，矯枉過正則可喪其國」歐陽修說：「～夫前世之主，能使人人異心不為朋，莫如紂；能禁絕善人為朋，莫如漢獻帝；能誅戮清流之朋，莫如唐昭宗後世；然皆亂亡其國」。范仲淹深知此理，一旦發生或有行之事，則必釋然而順其便。

朋黨本文

臣聞朋黨之說，自古有之，惟幸人君辨其君子小人而已。大凡君子與君子，以同道為朋；小人與小人，以同利為朋；此自然之理也。

然臣謂小人無朋，惟君子有之。其故何哉？小人所好者利祿也，所貪者財貨也；當其同利之時，暫相黨引

以爲朋者，僞也。及其見利而爭先，或利盡而交疏，則反相賊害，雖其兄弟親戚，不能相保。故臣謂小人無朋，其暫爲朋者，僞也。君子則不然。所守者道義，所行者忠義，所惜者名節；以之修身，則同道而相益，以之事國，則同心而共濟，終始如一。此君子之朋也。故爲人君者，但當退小人之僞朋，用君子之眞朋，則天下治矣。

堯之時，小人共工、驩兜等四人爲一朋，君子八元、八愷十六人爲一朋。舜佐堯，退四凶小人之朋，而進元、愷君子之朋，堯之天下大治。及舜自爲天子，而皐、夔、稷、契等二十二人，並立於朝，更相稱美，更相推讓，凡二十二人爲一朋；而舜皆用之，天下亦大治。《書》曰：「紂有臣億萬，惟億萬心；周有臣三千，惟一心。」紂之時，億萬人各異心，可謂不爲朋矣，然紂以亡國。周武王之臣三千人爲一大朋，而周用以興。後漢獻帝時，盡取天下名士囚禁之，目爲黨人；及黃巾賊起，漢室大亂，後方悔悟，盡解黨人而釋之，然已無救矣。唐之晚年，漸起朋黨之論。及昭宗時，盡殺朝之名士，或投之黃河，曰：「此輩清流，可投濁流。」而唐遂亡矣。

夫前世之主，能使人人異心不爲朋，莫如紂；能禁絕善人爲朋，莫如漢獻帝；能誅戮清流之朋，莫如唐昭宗後世；然皆亂亡其國。更相稱美、推讓而不自疑，莫如舜之二十二臣；舜亦不疑而皆用之。然而後世不誚舜爲二十二朋黨所欺，而稱舜爲聰明之聖者，以能辨君子

與小人也。周武之世，舉其國之臣三千人共爲一朋。自古爲朋之多且大莫如周，然周用此以興者，善人雖多而不厭也。

　　嗟乎！治亂興亡之跡，爲人君者可以鑑矣。

　　本書範例：

*從范仲淹出生到去逝，採用范仲淹文化研究會的年譜爲根據，年序紀載去了解然後再下個年序。

*每一記事如須了解，找尋網路從中摘起所需文意寫下，並做成文獻來源列該節後。

*皇帝年度後括弧標示西元年如慶曆四年（1044）或（1044年）；所提名人如吳遵路（988～1043）或（988年～1043年）表示該名人的生卒年。

*摘錄下來之文一律用原古文模式列出，主要是要讀者不必另尋參考文獻，且要讀者學習古文，如沒有耐心，則請勿讀此書爲要如果有興趣，則從頭讀到尾，就可以完全得知范仲淹之一切。

*全書分三大部分，第一部份爲楔子及歷代改革名相的結局，第二部分爲跟著范仲淹年紀成長爲文，第三部份，筆者讀完范仲淹的有關者之後有那些心得，足爲傳世參考者。

第一部
歷代改革名相的結局

對商鞅、王安石、張居正等改革良相了解之後可與本書
范仲淹慶曆新政比較而深入探討

商鞅變法

　　是商鞅在秦孝公支持下，於公元前 356 年在秦國實
施的政治改革。該制度分兩次進行，首次始於公元前 356
年，第二次開始於公元前 347 年。經過商鞅變法，秦國
富國強兵，奠定秦國在戰國七雄的雄厚實力，對秦國的
崛起發揮重要的作用。也是秦始皇管理秦國的基礎。

第一次變法

　　《墾草令》在秦國成功實施後，秦孝公於前 356 年
任命商鞅為左庶長，在秦國國內實行第一次變法。主要
內容為：改革戶籍制度，實行什伍連坐法、明令軍法，
獎勵軍功、廢除世卿世祿制度、建立二十等軍功爵制、
獎勵耕織，重農抑商，嚴懲私鬥、改法為律，制定秦律
和推行小家庭制。

第二次變法

秦孝公於前 350 年命商鞅徵調士卒，按照魯國、衛國的國都規模修築冀闕宮廷，營造新都，並於次年將國都從櫟陽遷至咸陽，同時命商鞅在秦國國內進行第二次變法。主要內容為：開阡陌封疆，廢井田，制轅田，允許土地私有及買賣、推行縣制、加收口賦、統一度量衡、燔詩書而明法令，塞私門之請，禁遊宦之民和執行分戶令。

經過兩次變法後的秦國國力強大，百姓家家富裕充足。秦國人路不拾遺，山中沒有盜賊。人民勇於為國家打仗，怯於私鬥，鄉村、城鎮秩序安定。

商鞅在秦國實行變法，使得秦國經濟發達，軍事強大，奠定秦始皇統一全中國的基礎，用法家思想的官僚政治代替春秋的貴族政治，「陽儒陰法」的政治模式為漢朝所繼承，並持續影響中國人兩千多年。

商鞅之死

前 338 年，秦孝公病危，《戰國策》記載秦孝公想傳位於商鞅，商鞅推辭不接受。不久秦孝公去世，其子秦惠文君繼位。商鞅想要告老退休，有人向秦惠文君說：「大臣功高蓋主就會危害國家社稷，對身邊的人過於親近就會惹來殺身之禍。現如今秦國的男女老幼只知道商鞅的新法，而不知道君上您。況且君上您與商鞅有仇，願君上早下決斷。」公子虔等人也告發商鞅謀反，秦惠

文君於是派人捉拿商鞅。

商鞅逃至邊關，晚上想住宿旅店，因未帶身份證件，店主不知道是商鞅本人，害怕新法連坐而不敢留宿。商鞅感嘆道：「制定的法律竟然遺害到了這種地步！」

商鞅帶領親屬及手下隨從逃亡至魏國，魏將穰疵怨恨商鞅用欺騙的手段俘虜公子卬、擊敗魏軍，將其驅逐回秦國。

商鞅回秦後被迫潛回封地，發動邑兵攻打鄭縣（今陝西省華縣）。秦惠文君派兵攻打，商鞅戰敗而死，其屍身被帶回咸陽，處以車裂後示眾。秦惠文君同時下令誅滅商鞅全族。商鞅死後，他所推行的新法並沒有被廢除，而是一直影響著秦國乃至以後的秦朝[2]。

王安石變法

是中國歷史上針對北宋當時積貧積弱的社會現實，以富國強兵為目的的一場轟轟烈烈的改革，以「因天下之力以生天下之財，取天下之財以供天下之費」為原則，從理財入手，頒佈了「農田水利法」、均輸法、青苗法、免役法（又稱募役法）、市易法、方田均稅法，並推行保

---

[2] 商鞅變法
https://zh.wikipedia.org/wiki/%E5%95%86%E9%9E%85%E5%8F%98%E6%B3%95

甲法和將兵法以強兵。但並未處理好具體實行的問題以及與反對者的關係，於是與反對者間長期反覆地爭鬥，導致處於被批評的局面，但是一些具體措施還是保留了下來，最終以失敗而告終。

一、機構改革

制置三司條例司、熙寧元年（1068 年）二月，設「制置三司條例司」，原本宋朝的財政由三司掌握，王安石設立置制三司條例司來作為三司的上級機構，統籌財政，是當時最高的財政機關，此機關除了研究變法的方案、規劃財政改革外，亦制訂國家一年內的收支，並將收入定其為定式。

市易法、熙寧五年（1072 年）三月，頒行市易法。由國家「出資金一百萬貫，在開封設「市易務」（市易司），在平價時收購商販滯銷的貨物，等到市場缺貨的時候再賣出去。同時向商販發放貸款，以財產作抵押，五人以上互保，每年納息二分。用以達到「通有無、權貴賤，以平物價，所以抑兼併也」。市易法增加了財政收入。

保甲法、熙寧三年（1070 年）司農寺制定《畿縣保甲條例頒行》。鄉村住戶，每五家組一保，五保為一大保，十大保為一都保。凡有兩丁以上的農戶，選一人來當保丁，保丁平時耕種，閒時要接受軍事訓練，戰時便徵召入伍。以住戶中最富有者擔任保長、大保長、都保長。用以防止農民的反抗，並節省軍費。

二、改革稅賦

　　方田均稅、熙寧四年（1071年）八月由司農寺制定《方田均稅條約》，分「方田」與「均稅」兩個部分。「方田」是每年九月由縣長舉辦土地丈量，按土壤肥瘠定爲五等，「均稅」是以「方田」丈量的結果爲依據，制定稅數。方田均稅法清出豪強地主隱瞞的土地，增加了國家財政收入，也減輕了農民負擔，同時卻嚴重損害了大官僚大地主的利益，遭到他們強烈反對。

　　均輸法、「斂不及民而用度足」。熙寧二年七月，爲了「京城皇室、百官的消費，又要避免商人屯積，在淮、浙、江、湖六路設定發運使，按照「徙貴就賤，用近易遠」、「從便變易蓄買，以待上令」的原則，負責督運各地「上供」物質。意在省勞費、去重斂，減少人民的負擔。

　　青苗法、熙寧二年九月，頒佈青苗法。規定以各路常平、廣惠倉所積存的錢穀爲本，其存糧遇糧價貴，即較市價降低賣出，遇價賤，即較市價增貴收購。其所積現錢，每年分兩期，即在需要播種和夏、秋未熟的正月和五月，按自願原則，由農民向縣借貸錢物。收成後，隨夏、秋兩稅，加息十分之二或十分之三歸還穀物或現錢。

　　募役法、又稱「免役法」，熙寧三年（1070年）十二月，由司農寺擬定，開封府界試行，同年十月頒佈全

國實施。免役法廢除原來按戶等輪流充當州縣差役的辦法，改由州縣官府自行出錢僱人應役。僱員所需經費，由民戶按戶分攤。原來不用負擔差役的女戶、寺觀，也要繳納半數的役錢，稱為「助役錢」。使得農民從勞役中解脫出來，保證了，勞動時間，促進了生產發展，也增加了財政收入。

三、興修水利

規定各地興修水利工程，用工的材料由當地居民照每戶等高下分派。只要是靠民力不能興修的，其不足部分可向州縣貸款，取息一分，如一州一縣不能勝任的，可聯合若干州縣共同負責。

四、軍隊改革

裁兵法、整頓廂軍及禁軍：

（一）規定士兵五十歲後必須退役。

（二）測試士兵，禁軍不合格者改為廂軍，廂軍不合格者改為民籍。

將兵法、又叫「置將法」。廢除北宋初年定立的更戍法。用逐漸推廣的辦法，把各路的駐軍分為若干單位，每單位置將與副將一人，專門負責操練軍隊，以提高軍隊素質。

保馬法、神宗時，宋朝戰馬只有十五萬餘匹，朝廷鼓勵西北邊疆人民代養官馬。凡是願意養馬的，由朝廷供給馬匹，或朝廷出錢讓人民購買，每戶一匹，富戶兩

匹。馬有生病死亡的，就得負責賠償，但遭遇到瘟疫流行，死了不少馬匹，徒增民擾。不久廢止，改行民牧制度。

軍器監法、熙寧六年（1073 年）七月頒行免行法。八月廣設軍器監，負責監督製造；並且招募工匠，致力改良。

五、改革科舉

三舍法、希望以學校的平日考核來取代科舉考試，選拔眞正的人才。「三舍法」，即把太學分爲外舍、內舍、上舍三等，「上等以官，中等免禮部試，下等免解」，後來地方官學也推行此法，反映了班級教學的特色。

貢舉法、王安石認爲「欲一道德則修學校，欲修學校則貢舉法不可不變」。改革貢舉法，廢明經、存進士，熙寧三年（1070 年）三月，進士殿試罷詩、賦、論三題而改試時務策。熙寧四年（1071 年），二月，頒新貢舉制，廢明經，專以進士一科取士[3]。

另設「明法科[4]」，考察律令和斷案。惟才用人，凡

3　王安石變法 https://www.diklearn.com/a/202101/1403.html
4　簡稱「明法」。科舉考試科目之一。漢代詔令察舉人才，所設科目有明習法令一項，即爲明法之始。唐太宗時置爲常舉科目。用於考試法令專門學問，選拔明習法令的專門人才。考試內容爲試律七條，令三條，全通爲甲第，通八條爲乙第。宋初承唐制，試律令墨義四十條，《論語》墨義十條，《爾雅》、《孝經》墨義共十條。太平興國四年（西元 979 年）廢，雍熙二年（985 年）複置，亦兼習三小經，爲「諸科」中地位最低之科目。景德二年（1005 年）規定考律、令、小經，每十道義中，問疏義

是有志於改革的人才都被委以重任，不少人成爲改革的中堅力量。

（一）王安石變法是封建地主階級針對北宋統治危機進行的改革運動，它不可能從根本上擺脫封建統治危機。

（二）變法措施的推行，增加了朝廷的財政收入，加強了國家的軍事力量，在一定程度上改變了北宋積貧積弱的局面。

（三）王安石變法促進了經濟發展，客觀上有利於社會進步。

（四）變法以維護地主階級的統治爲出發點，農民的處境沒有根本的改變，負擔依然沉重。

王安石變法對於增加國家收入，有著積極的作用，北宋積貧積弱的局面得以緩解，北宋熙寧六年（1073年），在王安石指揮下，宋熙河路經略安撫使王韶率軍進攻吐蕃，收復河（甘肅臨夏）、岷（今甘肅岷縣）等五州的作戰。宋軍收復 5 州，拓地 2000 餘里，受撫羌族 30 萬帳，建立起進攻西夏地區的有利戰線。

六道、經注四道，以通六者爲合格。熙寧四年（1071 年）罷明經、諸科，改明法科爲「新科明法」

張居正改革

　　張居正（1525 年 5 月 26 日～1582 年 7 月 9 日），字叔大，號太嶽，又稱張江陵，湖廣江陵縣（今湖北江陵縣）人，祖籍直隸鳳陽縣，萬曆初年的政治家、改革家，權臣，期間官至太師、吏部尚書兼中極殿大學士，為內閣首輔長達十年，其間成為實際最高領導人，掌握最高權力。知人善任，重用名將李成梁、戚繼光等，鎮守北部邊防，為改革營造穩定的外部環境；任用潘季馴治理黃河，卓有成效。任內推行一條鞭法與考成法，改革賦稅與官吏考核制度，影響深遠。

改革兩件

　　萬曆元年六月（1573），居正實行考成法，考成法的重點有二：六部和都察院把所屬官員應辦的事情定立期限，並分別登記在三本賬簿上，一本由六部和都察院留作底冊，另一本送六科，最後一本呈內閣。第二點，六部和都察院按賬簿登記，逐月進行檢查對所屬官員承辦的事情，每完成一件須登出一件，反之必須如實申報，否則以違罪處罰；六科亦可根據賬簿登記，要求六部每半年上報一次執行情況，違者限事例進行議處；最後內閣同樣亦依賬簿登記，對六科的稽查工作進行查實。

　　如此一來，月有稽，歲有考，中央到地方的政令暢通；裁減了大量的庸官冗員；有力地整理了全國稅捐，

數年的積欠得以收繳，國庫收入增加。最重要的是內閣通過此舉牢牢把握行政、監察大權，其中樞地位日益顯著。

萬曆六年（1578 年）下令清丈土地，清查大地主隱瞞的莊田，三年後在全國內推行了一條鞭法，改變賦稅制度，把條項稅役合併，按畝征銀，雖然沒有徹底貫徹，但納稅土地從四百多萬頃回升到七百萬頃以上，使政府的財政情況有所改善。

去世後被籍家原因

萬曆十年六月二十日（1582 年 7 月 9 日）張居正病逝，享年五十七歲。贈上柱國，諡文忠，在過世前十天，神宗加封為「太師」，為有明一代唯一生前受封此職大臣。一去世江西道御史李植、雲南道御史羊可立、山東道監察御史江東之、南京刑科給事中阮子孝等對馮保、張居正等相繼提出彈劾。會被籍家的原因蓋有下列諸端：

萬曆五年（1577 年）張居正父親去世。按官制應守孝三年，張居正在明神宗的支持下提出奪情（奪去父子之情，戴孝辦公），一時間遭到多方面的猛烈攻擊，落得貪權不孝的罵名，雖然強制壓下卻已幾乎與官為敵，此其一。

萬曆七年（1579 年）神宗因夜與宦官張鯨遊玩時行為不檢，遭到李太后訓斥，張居正為皇帝寫了罪己詔，

由此埋下日後的禍根。此其二。張居正父病逝，奉旨歸葬，坐著 32 人抬的豪華大轎，內附有廁所與簡易浴盆，吃飯時菜餚過百品，「居正猶以爲無下箸處。」此其三。

萬曆八年（1580 年）十月，下令吏部遍查兩京衙門，「有冗濫者裁之」。萬曆九年（1581 年）正月裁兩京戶部侍郎以下 156 個職位，同年裁撤鄖陽巡撫、順天巡撫、湖廣總兵等地方大員職位。文武官員從 12 萬餘人降到 9.8 萬人以下。此其四。以上四端可能爲顯因可能爲藏因而以下列一事觸動萬曆皇帝籍張居正的家，爲羊可立彈劾張居正構陷遼王朱憲㸅，同時遼妃上書爲遼王辯冤，並說遼王府家產無數，全入張家。於是萬曆皇帝下令籍其家，一些老弱婦孺因爲來不及退出被封閉於張府，餓死十七口，其中有三名嬰兒。長子張敬修自縊身亡；二子張嗣修投井自殺未遂，又絕食未果，後發配邊疆。三子張懋修後戍煙瘴地而死。

江西道御史李植、雲南道御史羊可立、山東道監察御史江東之、南京刑科給事中阮子孝等對馮保、張居正等相繼提出彈劾[5]。

5　張居正
https://zh.wikipedia.org/wiki/%E5%BC%B5%E5%B1%85%E6%AD%A3

第二部
范仲淹的一生

童年

　　范仲淹生於宋太宗端拱二年（989～逝於皇祐四年（1052），64 歲），河北眞定府。又有一說宋太宗端拱二年（989 年）己丑秋八月丁丑，生於徐州節度掌書記官舍[6]。

　　父親諱墉，太平興國三年（978 年）隨吳越王錢俶歸宋。歷官成德軍（眞定府，治今河北正定）、武信軍（遂州，治今四川遂寧）、武寧軍節度掌書記。母夫人謝氏（？～1026）。仲兄仲溫（985～1050），當時五歲。淳化元年（990），2 歲時父親病卒于徐州，隨母葬父于蘇州天平山。淳化二年（991），3 歲，隨母居蘇州天平山。

　　淳化三年（992），4 歲，母親謝氏改適朱文翰，其時朱文翰在蘇州爲官。仲淹遂改姓朱，名說，直至 22 歲復姓前。朱文翰先后在江蘇蘇州、湖南安鄉（古澧洲，安鄉縣待五年）、安徽青陽（今貴池，古之池州）、山東淄洲（景德初年 16 歲起）等地爲官，仲淹隨母侍行，並

---

6 https://kknews.cc/history/3qyjzga.html

在各地就學受教。安鄉興國觀司馬道士是其蒙師之一。安鄉讀書台、青陽讀山、博山秋口、長白山醴泉寺俱傳為范仲淹讀書之地」。

興國觀[7]，又名南相寺，位據鶴江（澧水別稱）之心的書院洲上，北宋太平興國年間建成。觀的後院東側有一書舍，舍前有一石台，人稱讀書台。范仲淹常常在台上坐著讀書，因為此地很少有前來跪拜的香客之故。五度寒暑，范仲淹的足跡也踏遍了澧州。除了在興國觀讀書，澧州城西也曾一度借居求學。

據《青陽縣誌》記載，城東十五里，有一座山名長山，終年雲霧瀰漫，為仲淹幼年讀書之所，後人紀念他，改長山為讀山。此事的真假如何？有什麼根據呢？在《范文正公集》的「附錄」中，有一篇《范文正公祠堂記》[8]，作者是南宋時池州名人丁黼，他應青陽縣令之請

---

[7] http://zqb.cyol.com/html/201711/20/nw.D110000zgqnb_20171120_3-07.htm

[8] 范文正公祠堂記

人當窮時，必有固窮之節與兼善者天下之志，而不以富貴貧賤、榮辱得喪一毫蒂芥於心。夫然後可以處，可以出，可以歷顛跌頓踣之境，而建不世之大功。即至沒世以後，俎豆屍祝於名山，而其名不斁於天壤。無他，所守者堅，所操者有本也。

范文正公為秀才時，即以天下為己任。觀其之南都，入學舍，起居飲食，人所不堪，而掃室誦讀，隱然抱「一夫不獲時予之辜」之志。故其出也，自祕閣校理以迄參知政事，總離不於先憂後樂，堯舜君民之素心，凡他人之所重，遠莫勝者，皆公所取諸其懷者也。竊嘗綜其生平之遭際計之，無往而非足以催挫其志，而撓敗其功者。伏閤爭郭后之廢，坐貶斥；觸呂夷簡怒，高若訥輩僭之，再貶斥；以禍福順逆之故擅復元昊書，輒貶斥。即至罷政府，為陝西四路安撫時，言者以危言中公，而有司奏

撰寫此文。他不僅是當時在朝廷做官的池州名人，而且
是「卜居青陽，尋遷石台」的本地人，還進行實地考察，
「長山，去縣僅十五里，朱之族故在，遂訪求其家，得
公之續譜遺墨，及公與謝夫人畫像。」得到不少歷史文
物，所作之記應當是可以信賴的。祠堂，就建在朱氏住
地的附近。

今天，雖因時逾千年，已無遺存，但長山、讀山的
地名尚在。仲淹在這裡勤奮學習，刻苦讀書，終於使自
己成為國家棟樑之才的事跡，永遠激勵著一代又一代的
青年學子不斷前進[9]。

宋咸平元年（998年）九月，9歲，朱文瀚升任淄州
長史，全家隨之北上赴任。九月十五日，一家數口平安
到達淄州，住在顏神鎮秋口（今博山秋谷），范仲淹就在

罷公前所施行之事。究其設施，未盡公之大用矣。然曆台諫，則功在極
言；任州郡，則功在撫輯；鎮邊境，則能寒西人之膽；官樞密，參大政，
則能課實效，減任子，興學校，以革弊于久安，而興起德行之士。迄今
奏議勳業，彪炳史書，雖山林婦豎，無不知文正公之忠義者。惟其立志
于困厄之時，經百變而未嘗少為屈抑也。
昔諸葛忠武淡泊寧靜，自定其志於畎畝之中，卒能跨有荊、益，業分鼎
足，危難受託，不懼不疑，為三代以後之王佐。若文正公者，其忠武之
流亞與？且講明正學，延安定胡先生為教授，而以《中庸》授橫渠張子。
其于理學，能開先矣。宜百世以下，奉祀日隆。而聖祖仁皇帝命從祀廟
廷，位列歐陽子之右，凡以見功業之所從出也。嗚呼！隱居求志，斯能
行義達道；士之身處草茅而以天下國家為量者，尚以文正公為師法哉。
公本吳人，又嘗出典鄉郡，有功于吳。故祠堂在吳縣天平山之陽，依公
祖墓也。壬子夏五，議修故祠，桐城張公命作文正公祠堂碑記，因特揭
其大節之不朽者著于石。
[9] https://kknews.cc/history/rbvva6n.html

秋口讀書上學。有人認為，淄州長史就相當於淄州府的秘書長，機構住所就在秋口。

博山原稱「青州府顏神鎮」，清雍正六年始稱博山。區名由來：其一，博山全境盡山，幾無平坦之地，博山之名具有多山之意；其二，因境東南有「博山」，故以山名為區名。博山古稱顏神，因孝婦顏文姜而得名。

范公祠在因園北端。匾額「范公祠」三字，楊紀昌書。楹聯「幼讀荊山憂樂已識分先後，長居廟堂進退更需論賢愚」，王顏山書。范公祠北，有青州古道。顏神鎮（博山舊稱）曾隸屬青州府，此為博山至青州之交通要道。當時車馬絡繹，如今唯剩一段殘破青石路，真有滄海桑田之感[10]。

宋景德元年（1004年），15歲，朱文瀚調任長山縣令（今山東鄒平），謝氏一家便從秋口遷往長山縣河南村（今鄒平縣長山鎮范公村），從此范仲淹便在長山上學[11]。

長白山醴泉寺～范公讀書地典故

體泉寺景區新建的范公祠大門兩側，鐫刻著一副對聯：「宰相出山中，劃粥埋金，二十年長白樓身，看齊右鄉賢，依然是蘇州譜系；秀才任天下，先憂後樂，三百載翰卿著績，問濟南名士，有誰繼江左風流。」這既是

[10] http://www.ifuun.com/a2018040211602828/
[11] https://kknews.cc/history/oy9evqp.html

對范仲淹經歷和政績的高度概括，更道出了他與長山古縣的一世情緣[12]。

《留別鄉人》詩：「長白一常儒，榮歸三紀余。百花春滿路，二麥雨隨車。鼓吹羅前部，煙霞指舊廬。鄉人莫相羨，教子苦讀書。」為紀念這段佳話，後人將其當時回鄉大禮參拜之地改名為禮參店，並一直保留至今[13]。

長山縣建縣歷史悠久。隋朝統一以前，河北省武強縣曾僑置於今淄博市周村區北郊鎮的固玄莊一帶。隋開皇十八年（598年），因其境內西南有長白山，將僑置的武強縣改名為長山縣，並將縣治遷至今鄒平縣的長山鎮[14]。

遊學

私塾、義學、學塾、村塾、多學、書院等各種學校是宋代私學鼎盛況，流布範圍遍及全國各地尤其以京城江南為盛。

范仲淹9歲，朱文翰任淄州長史。仲淹侍父遊學于淄州顏神鎮（今淄博市博山區）秋口。立志不為良相便為良醫，並拜朱文翰好友崔遵度（954～1020）為師習琴。

---

[12] https://kknews.cc/history/vpmv4g4.html
[13] https://kknews.cc/history/vpmv4g4.html
[14] https://kknews.cc/history/vpmv4g4.html

「崔遵度（954～1020）北宋官員、古琴家。字堅白，本江陵（今屬湖北）人，後徙淄川（今山東淄博）。太宗太平興國八年（983）進士，為和川主簿。知忠州時適遇李順起義，棄城走，貶崇陽令。真宗即位，復太子中允，改太常丞、直史館，編修兩朝國史。累官左司諫。仁宗以壽春郡王開府，命為王友。儲宮建，加吏部郎中兼左諭德。著有《琴箋》，明確提出了「清麗而靜，和潤而遠」的美學思想，對琴文化的發展起到很大作用」[15]。

　　范仲淹 15 歲朱文翰調任長山縣令至 19 歲前遊學於秋口、長山。范仲淹二十歲時，曾遠遊陝西，結識名士王鎬，道士周德寶、屈應元等一起嘯傲于雩、杜之間，撫琴論《易》，極盡其歡，晚年仍滿懷深情地追念這位舊友。

　　「王鎬，字周翰，其先澶淵人也。曾祖鼎，刑台都郵。祖楷，尚書兵部員外郎。考袞，太子右贊善大夫。妣秦氏，封太原縣君」餘詳見「宋朝文學家范仲淹為圭峰山隱士王鎬撰墓誌銘《鄠郊友人王君墓表》」[16]

　　讀書於長白山醴泉寺 21～22 歲時生活極其艱苦，每天只煮一碗稠粥，涼了以後劃成四塊，拌著切成碎末的鹹菜，早晚各食兩塊，吃完繼續讀書，成語「劃粥割齏」的典故即來源於此。

---

[15] https://www.easyatm.com.tw/wiki/%E5%B4%94%E9%81%B5%E5%BA%A6
[16] https://twgreatdaily.com/ttox9nABfwtFQPkdsHJ4.html

　　約略稍前，范仲淹還與王洙有布素之遊，奠定了終生不渝的友情。「王洙（997 年～1057 年）字原叔、源叔、尚汶，應天宋城（今河南商丘）人。北宋藏書家、目錄學家」[17]。這種出行和交遊，開擴了青年范仲淹的視野。

　　21 歲作《齋賦》。舉學究。並受到本縣告老還鄉的右諫議大夫姜遵的青睞，稱「他日中不惟顯官，當立盛名於世」[18]。

　　姜遵（963～1030）字從式，淄州長山人。進士及第，爲蓬萊尉，就辟登州司理參軍，開封府右軍巡判官。有疑獄，將抵死，遵辨出之。遷太常博士，王曾薦爲監察御史，殿中侍御史，開封府判官。知吉州高惠連與遵有隙，發遵在盧陵時贓事，按驗無狀，猶降通判延州。複入爲侍禦史、判戶部勾院。利州路饑，以遵爲體量安撫，遷知邢州[19]。

　　22 歲大中祥符四年（1011 年）詢知世家，感泣辭母往應天府書院求學。

　　應天府 22～26 歲應天府即商丘，宋時爲南京。「商丘是『商湯都于南亳』的故都，春秋爲宋國國都宋城，

---

[17] https://zh.wikipedia.org/wiki/%E7%8E%8B%E6%B4%99_(%E5%8C%97%E5%AE%8B)
[18] https://kknews.cc/history/3qyjzga.html1
[19] https://zh.wikipedia.org/wiki/%E5%A7%9C%E9%81%B5

西漢爲梁國，唐代稱睢陽，五代爲宋州。北宋景德三年（西元 1006 年）宋州改稱應天府，宋眞宗大中祥符七年（西元 1014 年）升應天府爲南京，與西京洛陽、東京開封、北京大名合稱『四京』，同時作爲北宋陪都」。

拜師戚同文

戚同文原亦字同文，北宋宋州楚丘人。曾追隨同鄉楊慤學習，不滿一年即讀完五經，從此讀書更加勤勉不懈。時逢五代晉末喪亂，斷絕仕進的念頭，心嚮往天下統一，乃取字「同文」爲名改字文約。將軍趙直爲他築室，收聚生徒，想要向他請益的人不遠千里而來，門人中登第的有五六十人，其中宗度、許驤等七人都入臺閣，北宋名臣范仲淹也是他的門徒。他爲人純直，注重信義，樂善好施，不積私財，常說「人生以行義爲貴」，深受鄉里的人推崇折服；又善於知人，樂聞人善，所交遊的朋友都是一時名士；並喜愛作詩，著有《孟諸集》，卒年七十三[20]。楊徽之相與友善，經常互相酬唱，與其門人追號他爲堅素先生；大中祥符二年（1009）時，其講學舊居，經同鄉曹城增建爲睢陽書院。

榜中進士

大中祥符八年（1015），27 歲，登蔡齊（988～1039）

---

[20] https://baike.baidu.com/item/%E6%88%9A%E5%90%8C%E6%96%87

榜，中乙科第九十七名，任廣德軍司理參軍。蔡齊榜進士及第者凡 197 人，其中進士有：龐籍、滕宗瓊、謝絳、吳育、昊遵路、魏介之、明鎬、周騤、王絲、王瀆、王煥、朱貫、沈周、沈嚴、郭維、蕭貫、張昇、王益、歐靜等。

蔡齊（988 年～1039 年），字子思，北宋膠水（今平度市）人。其先祖本是洛陽（今屬河南）人，徙居萊州膠水（今山東平度）。大中祥符八年（1015 年）中狀元，宋眞宗閱卷時，稱他是「宰相器」，命賜給七騶，「跨馬遊街」，自蔡齊始。通判兗州、濰州，知密州時，減免租稅，歷官御史中丞、樞密副使等職。寶元二年（1039 年）病逝穎州，贈兵部尚書，諡文忠。歐陽修爲其立傳。

范仲淹榜中進士後 27～64 歲在朝爲官，三十七年爲官歷程中十四年在宮中，亦即（1015～1029），然後就進進出出，如下：

1030～1033 在外地爲官，1033 仁宗親政，3 月被召回宮中，12 月出守睦州，1035 十月被召回京，內有權知開封府，1036 五月貶饒州，1040 年知永興軍，西夏戰事，1043 八月就任參知政事～1045 罷參知政事，宣撫使，十一月知鄧州（1048 元昊死），1049 知杭州。

范仲淹一生為官進出朝廷詳細一欄表

27 歲榜中進士

27～64 歲在朝為官

1015～1029 十四年在宮中

1030～1033 在外地為官

1033 仁宗親政 3 月被召回宮中、12 月出守睦州

1035 十月被召回京 內有權知開封府

1036 五月 貶饒州

1040 年知永興軍 西夏戰事

1043 八月就任參知政事～1045 罷參知政事 宣撫使 十一月知鄧州（1048 元昊死）

1049 知杭州

皇帝年號	西元 幾歲		官職布達
大中祥符 八年	1015 27 歲	登蔡齊（988～1039）榜，中乙科第九十七名，任廣德軍司理參軍。蔡齊榜進士及第	廣德軍司理參軍[21]

21　司理參軍的簡稱。宋初各州有馬步院，以軍人為判官，掌獄訟，太祖開寶六年（973）改各州馬步院為司寇院，以文臣為司寇參軍，後改司寇為司理。五代 以來，諸州皆有馬步獄，以牙校充馬步都虞侯，掌刑法。[1]宋太祖 以為刑獄人命所系，當選士流任之。 開寶六年秋，敕改馬步院為司理院，以新進士及選人為之，掌獄訟勘鞫之事，不兼他職。舊時在馬步軍中設置的法庭、監獄一類的軍法機關。

		者凡 197 人，其中進士有： 龐籍、滕宗瓊、謝絳、吳育、 昊遵路、魏介之、明鎬、周驟、 王絲、王潰、王煥、朱貫、沈 周、沈嚴、郭維、蕭貫、張昪、 王益、歐靜等。	
天禧元年	1017 29 歲	擢文林郎、權集慶軍節度推 官（集慶軍，即亳州，又稱譙 郡）	擢文林郎、 權 集 慶 軍 節度推官
天禧三年	1019 31 歲	加秘書省校書郎，仍從事於 譙郡。	秘 書 省 校 書郎
天禧五年	1021 33 歲	調監泰州西溪鹽倉，系銜仍 舊。	調 監 泰 州 西溪鹽倉
天聖二年	1024 36 歲	遷大理寺丞，仍在西溪鹽倉 任。娶應天府李昌言女李氏 為妻。生長子純佑（1024～ 1063）。	遷 大 理 寺 丞[22]
天聖三年	1025	秋，因發運副使張綸（962～	知興化縣

---

[22] 大理寺的主官為大理寺卿，其次才是大理寺少卿、大理寺寺正、大理寺丞，丞之職在正刑之輕重。大理寺丞分管大理寺的各項事務。唐時規定，寺丞分管中央各部門有地方各州的司法案件的復審。每位寺丞復審完畢的案件，要會同其他五位寺丞一同署名（畫押）才具有法律效力。其他寺丞若有不同意見，也要在畫押時寫明。唐制，丞斷罪後，須經大理正審核。宋初仍設。

	37歲	（1036）薦，知興化縣事。滕宗諒協助其築捍海堰，雖因暴風雪而停建，但其首倡之功甚偉。http://www.tznews.cn/show-34-482529.html	
天聖四年	1026 38歲	仍在知興化縣任上。徒監楚州糧料院。八月，丁母謝氏夫人憂。	徒監楚州糧料院
天聖五年	1027 39歲	守母喪于南都應天府，晏殊出守應天府，邀仲淹掌應天府書院，同時執教者還有王洙（997～1057）、韋不伐（978～1051）等人。六月，次子純仁（1027～1101）生。	掌應天府書院
天聖六年	1028 40歲	掌應天府書院教習。七月，捍海堰歷時近二年修成。因范仲淹首倡之功，後人譽為「范公堤」。是年，葬母于河南萬安山[23]。十二月，范仲淹守喪期滿，經晏殊推薦，召為秘閣	掌應天府書院教習秘閣校理

---

[23] https://kknews.cc/zh-tw/history/zab9zvg.html1

		校理,躋身館職。	
天聖七年	1029 41歲	供職秘閣[24]。秋,以發解官主持別頭試于太常寺,拔張問(995～1046)策論於高等。十一月冬至,上書諫仁宗率百官行拜賀太后壽儀,後又疏請太后還政,疏入不報,遂自請補外,出爲河中府通判。	上書諫仁宗率百官行拜賀太后壽儀,後又疏請太后還政
天聖八年	1030	任河中府(治今山西永濟西)	任河中府

---

24 秘閣,是中國宮廷藏書之處,自晉、南朝宋至隋、唐,皆設有秘閣藏書,宋沿唐制設三館,改弘文館爲昭文館。北宋太宗太平興國年間新建昭文館、集賢院、史館等三館收藏圖籍,總名爲崇文院,通稱閣職。端拱元年(988年)又於崇文院中堂設秘閣,選三館善本圖書及書畫等入藏,藏書最爲完備。淳化元年(990年)擴建秘閣,於淳化三年(992年)建成,宋太宗御題匾額「秘閣」,設置直秘閣、秘閣校理等官管理秘閣事務。真宗咸平三年(1000年),下詔向全國徵集三館所少圖書,獻一卷,給千錢,獻三百卷以上給出身。又令三館抄寫二套,一套放置禁中龍圖閣,一置後苑之太清樓。後宮中失火,延燒到崇文院與秘閣,其中藏書多有焚燬。於是出禁中本,重新校勘、校理,恢復秘閣藏書,至仁宗時,秘閣歸屬秘書省管理,藏書已達15785卷。
仁宗景祐元年(1034年)命翰林學士張觀、李淑、宋祁等校定整理三館與秘閣藏書,去蕪存菁、刊其訛舛,編成書目,賜名「崇文總目」,歷七年至慶曆元年七月成書,慶曆元年(1041年)十二月,翰林學士王堯臣、王洙、歐陽脩等上「新崇文總目」六十卷,是中國現存最早的一部國家書目(已殘缺)。宋朝崇文三館和秘閣曾多次失火,補缺端靠「崇文總目」。據江辟疆「目錄學研究」統計,宋代官修藏書目錄達15種左右,遠勝於其他朝代。徽宗時因三館書多遺缺,募員繕寫一式三份,一份藏於宣和殿,一份藏於太清樓,一份藏於秘閣。靖康之變時,金兵攻陷汴梁(今開封),宣和閣藏書與二帝皆被劫送北都。康王趙構南渡在臨安即位後,下詔搜求各地藏書,重建秘閣。

	42 歲	通判。三月，上書請罷修寺觀，裁併郡縣。上書晏殊，對晏殊責以輕率上書，唯恐累及舉主之說，表明心跡。 四月，轉宮殿中丞。五月上書呂夷簡，議論即將舉行的制科。六、七月，與周暎、歐靜討論滕宗諒所編唐制誥集的書名問題，認為名為《唐典》不當。勸富弼「當以大科名進」，弼應試中制科，中茂才異等科。	（治今山西永濟西）通判 轉宮殿中丞[25]
天聖九年	1031 43 歲	三月，遷太常博士，移陳州通判。 葬母于河南伊川萬安山。上書乞將磨勘恩澤追贈父母。 三子純禮（1031～1106）生。 黃鑒卒。	遷太常博士，移陳州通判。
明道元年	1032 44 歲	仍在陳州通判任上。 二月，仁宗生母李辰妃卒；仲淹屢上奏疏，勸以唐中宗朝	

[25]https://zh.wikipedia.org/wiki/%E5%8C%97%E5%AE%8B%E5%AE%98%E5%88%B6

		上宮婕妤、賀婁氏賣墨敕斜封官事為鑒。 年初,宋加封李德明為夏王,十月去世。子元昊(1003～1048)繼位,宋封其為定難軍節度使、西平王。	
明道二年	1033 45歲	三月,劉太后薨,仁宗親政。 四月,仲淹被召回京任右司諫。 上疏諫不應立楊太妃為太后,又建議全劉太后之德,勸帝恪盡子道。 六月,受命與範諷等人同判刑院大理寺,詳定天下配隸刑名。 七月,同管勾國子監。 八月,受命赴江淮賑災。上陳救弊八事。 十二月,奏請諸縣弓手服役七年者放歸農。與孔道輔(986～1039)率台諫官伏合請對,力諫廢郭后,被貶外	右司諫與範諷等人同判刑院大理寺,詳定天下配隸刑名。 同管勾國子監力諫廢郭后出守睦州。

		放，出守睦州。	
景佑元年	1034 46 歲	正月，薦丁鈞、鄧資、徐執中、衛齊、盧革、李碩、張弁並公廉文雅，爲眾所稱，堪充京官。 春初，自京出發，至項城短暫停留，沿潁、淮而下，四月至睦州任所。 憑弔嚴子陵釣台，重修嚴子陵祠堂，建龍山書院。 六月，**移守鄉郡姑蘇**，與葉參（964～1043，葉清臣父）交政後，立即投入救災，有蘇州治水之載。 詔移知明州（治今浙江寧波），轉運使言其治水救災有方，願留畢其役，遂複知蘇州。	四月至睦州任所。 移守鄉郡姑蘇 詔移知明州（治今浙江寧波）複知蘇州。
景佑二年	1035 47 歲	仍在知蘇州任上。擇南園地建蘇州郡學，延胡瑗等爲州學教授。 十月，擢禮部員外郎、除天章	擢禮部員外郎、除天章閣待制。

		閣待制。召還京判國子監。十二月，進吏部員外郎，權知開封府。 時郭皇后暴卒，輿論疑內侍閣文應下毒，仲淹奏劾之，閣被貶嶺南，死途中。	召還京判國子監。十二月，進吏部員外郎，權知開封府。
景佑三年	1036 48歲	在開封府任所。 正月，上太宗尹京時所判案牘。五月，上疏論營建西都洛陽事，呂夷簡譏為迂闊近名。上百官圖，指斥宰相用人失當，又上四論，呂夷簡反訴仲淹「越職言事，薦引朋黨，離間君臣」，貶知饒州（今江西鄱陽縣），余靖（1001～1047）、尹洙（1000～1064）論救，歐陽修切責高若訥（997～1055），相繼貶外，士論榮之；蔡襄（1012～1067）作《四賢一不肖》詩，朝野傳誦。史稱景佑黨爭。 仲淹貶外，都門餞送者僅李	呂夷簡反訴仲淹「越職言事，薦引朋黨，離間君臣」 貶知饒州（今江西鄱陽縣）

		紘、王質（1001～1045）二人。八月，至饒州任所。遷建郡學，自此「生徒浸盛」。奏免貢茶烏禦茶，奏蠲已不產銀的德興縣銀冶場貢課。 在饒留下得心堂、退思軒、楚東樓、秋香亭、虛靜亭、慶朔堂等遺跡。	饒 州 留 下遺跡甚多
景佑四年	1037 49 歲	仍在饒州任上。妻李夫人病卒。知建德縣事（今安徽至德縣）梅堯臣往吊且有唱詩。 詔移仲淹知潤州（治今江蘇鎮江）。	知潤州（治今 江 蘇 鎮江）
寶元元年	1038 50 歲	正月，赴如潤州所。道經江西彭澤，謁狄仁傑祠，重撰狄梁公碑。 歡宴相訪的滕宗諒、魏兼兩位同年摯友。在潤州籌建郡學，修清風橋。清風橋後人名之日「范公橋」。 十一月，知越州（治今浙江紹興），途中訪友人邵餗，在杭	知越州（治今 浙 江 紹興）

		州拜訪仕故人胡則。	
寶元二年	1039 51歲	正月，在越州與前任郎筒（968～1056）交政。在越州以德化治，治理井泉，名之曰清白泉，建清白堂，有記。邀李覯（1009～1059）來越執教。孫沔回越掃墓，請范仲淹爲其曾祖父孫鷃撰墓誌。	
康定元年	1040 52歲	正月，仍在越州任上。 元昊破金明寨，圍延州（治今延安）；殲宋援兵劉平、石元孫軍于三川口（今延安市西約20公里處），劉、石被俘，朝野震驚。 三月，應陝西經略安撫副使韓琦（1008～1075）舉薦，范仲淹複官天章閣待制、知永興軍；四月，改刑部員外郎、兼侍御史知雜、陝西都轉運使，七月，又遷龍圖閣直學士，與韓琦同被任命爲陝西經略安撫副使、同管勾都部	複官天章閣待制、知永興軍；刑部員外郎、兼侍御史知雜、陝西都轉運使 七月，又遷龍圖閣直學士，陝西

		署司事，夏竦爲安撫使。	經略安撫
		赴任途中，相繼舉胡瑗爲陝西丹州（治今陝西宜川縣）軍事推官，舉歐陽修、張方平（1007〜1091）爲掌書記，皆未果。	副使、同管勾都部署司事，遷戶部郎中，代張存（984〜1071）兼知延州。
		八月，遷戶部郎中，代張存（984〜1071）兼知延州。在延州整軍備戰，奪回塞門諸寨，修復已破蕩的金明寨、萬安城等。	
		九月，遣任福（981〜1041）破白豹城（在今甘肅華池縣東北約 25 公里處）。迫使入侵保安（治今陝西志丹）、鎭戎軍（治今寧夏固原）之西夏軍撤兵。	
		又遣狄青（1008〜1057）等攻取西界蘆子平。仲淹授狄青以《春秋左傳》，遂成就一代名將。	
		遣種世衡（985〜1045）興築	

		青澗城（在延州北約 200 華里處），營田實邊。 十月，遣朱觀等襲破西夏洪州界郭壁等十餘寨。 十二月，朝廷用韓琦、尹洙策，詔明年正月上旬涇原、鄜延兩路同時出兵，大舉伐夏，但杜衍（978～1057）、范仲淹、歐陽修等皆以爲條件不成熟，主張積極防禦，尋覓戰機，小規模出擊。 張載（1020～1078）赴陝謁仲淹，有投筆從戎之志，仲淹勉以治《中庸》，載勵志苦學，遂成宋代名儒。	
慶曆元年	1041 53 歲	正月，朝廷用兵西夏，仲淹上奏請鄜延暫不出戰，以留和議之路。元昊遣使與仲淹通款，仲淹答書曉之以理，勸其休戰議和。 二月，尹洙赴延州，勸說仲淹出兵，范不爲所動，尹逗留二	範因私與元昊通書並私焚元昊來書，被降官戶部員外郎，貶知耀州知

		旬，無功而返。田況亦上奏認爲守策最備，不可輕舉妄動。元昊傾國入侵，巡視鎮戎軍的**韓琦**令大將任福率軍與西夏主力決戰，敗于好水川，任福等一大批將領陣亡，僅朱觀等率少數人突圍。	慶州、兼管勾環慶路都部署司事。
		四月，范因私與元昊通書並私焚元昊來書，被降官戶部員外郎，貶知耀州；韓琦也因好水川兵敗被降官右司諫，貶知秦州（治今甘肅天水）。	複仲淹戶部郎中。
		五月，起用范仲淹知**慶州、兼管勾環慶路都部署司事**。在慶州招撫諸羌，與之立約，始爲朱用。在慶州城鑿井百餘，解除飲水之難。	管勾環慶路部署司事兼知慶州范仲淹
		六月，王堯臣（1003～1058）受命安撫陝西，爲韓、范鳴不平。	
		七月，元昊軍攻麟州，八月，元昊攻府州，皆不能破，轉而	

		破豐州。九月,**複仲淹戶部郎中**。西夏再圍攻麟、府二州,被宋將張岊擊敗。 十月,罷陝西統帥夏竦、陳執中(990~1059);始分陝西爲四路,以管勾秦鳳路部署司事兼知秦州韓琦、管勾涇原路部署司事兼知渭州王沿、**管勾環慶路部署司事兼知慶州范仲淹**、管勾鄜延路部署司事兼知延州龐籍,兼本路馬步都部署、經略安撫沿邊招討使。 十一月,張亢、張岊大敗西夏軍。梁適(1001~1069)安撫陝西歸朝,仲淹附奏上攻守二議。十二月,仲淹奏請令四路部署司保舉沿邊寨主、兵馬監押,詔從之。	
慶曆二年	1042 54歲	正月,巡邊至環州(治今甘肅環縣),過馬嶺鎮。複上疏再議攻守策。	詔命除四路帥爲觀察使,仲淹

		二月，龐籍上琉支持用仲淹之策，韓琦則反對范仲淹營水洛城之議。	連上三表堅辭。
		三月，興築大順城成，張載有《記》頌其功。是月，在慶陽北城門上建鎮朔樓。杜衍宣撫河東。	除樞密直學士、右諫議大夫。
		四月，大將周美屢敗西夏軍，范仲淹、龐籍交薦之，除鄜延都監，遷賀州刺史。	複置陝西四路都部署經略安撫兼沿邊招討使，以韓、范、龐籍三帥分領之，同任陝西四路統帥。
		是月，知制誥富弼出使契丹。**詔命除四路帥為觀察使，仲淹連上三表堅辭**。范仲淹、龐籍二人未任。	
		七月，呂夷簡兼判樞密院事，章得象兼樞密使，晏殊加平章事。九月，呂夷簡改兼樞密使。	
		閏九月，元昊軍攻鎮戎軍，敗宋軍千定川砦（今寧夏固原中和鄉），大將葛懷敏敗亡。	
		十月，王信、狄青、景泰因軍	

功遷官，王、狄各兼本路經略安撫招討副使，乃仲淹疏薦之結果。定川之敗，仲淹出兵馳援，穩定局勢，仁宗命加職進宮，與韓琦並除樞密直學士、右諫議大夫。

十一月，詔複置陝西四路都部署經略安撫兼沿邊招討使，以韓、范、龐籍三帥分領之，同任陝西四路統帥，其餘都部署、副部署所帶經略使、招討使皆罷，諸路招討使並罷。

韓、范開府於涇州，韓兼秦鳳，范兼環慶。又據范仲淹建議，徒文彥博（1006～1097）帥秦州，滕宗諒帥慶州，構成宋陝西四路攻防體系。

十二月，密詔龐籍招納元昊，宋夏和議仍以延州為通道，仲淹首創之功不可沒。幼女生，後適韓城人張琬（　子，

		終官知楚州）。	
慶曆三年	1043 55歲	正月，涇原安撫使王堯臣奏論邊事，乞凡軍期申覆不及者由范、韓、龐三帥相機便宜從事；又請建渭州籠竿城德順軍；複請諸路皆罷經略使、副，只充緣邊安撫使、副，以重三帥之威，皆從之。二月，范、韓同上奏疏，論不可許和及防元昊之策。賜韓琦、范仲淹、龐籍錢各百萬。 三月，呂夷簡罷相，章得象爲昭文館大學士，晏殊爲集賢殿大學士兼樞密使，夏竦爲樞密使，賈昌朝（998～1065）爲參知政事。 四月，遣保安軍判官邵良佐使西夏，許封冊爲夏國主。**范、韓同日擢除樞密副使，五辭不允**，始拜命。以杜衍爲樞密使。 呂夷簡罷議軍國大事。鄭戩	范、韓同日擢除樞密副使，五辭不允。

| | | 代爲四路帥臣，仍駐涇州。石介（1005～1045）作《慶曆聖德頌》。五月，沂州（治今山東臨沂）王倫率士兵起義。七月，王舉正罷參知政事。范奏請罷陝西近裏州軍營田；詔命范仲淹爲陝西宣撫使，均未行。**八月，范就任參知政事，富弼爲樞密副使，韓琦代范仲淹宣撫陝西。**九月，仁宗開天章閣，詔命條對時政，范上十事疏。呂夷簡以太尉致仕。十月，上從范、富之薦，用張昷之爲河北都轉運使。王素爲淮南都轉運使．孫邈爲京東都轉運使。時，宋面臨內憂外患，沂州王倫兵變，轉戰東、淮南：張海。郭邈山相繼起義於西、陝西，波及十餘州，旋被宋廷鎮壓。 | 八月，範就任參知政事，富弼爲樞密副使，韓琦代范仲淹宣撫陝西。九月，仁宗開天章閣，詔命條對時政，范上十事疏。 |

		范仲淹爲滕宗諒、張亢公使錢案辯。吳遵路、朱宷韓瀆卒。	
慶曆四年	1044 56歲	正月，朝廷應韓琦奏請，罷修水洛城，劉滬、董士廉依鄭戩命繼修完工。渭州知州尹洙怒欲斬之，狄青械二人送德順軍獄。 二月，范仲淹上言爲劉、董二將辯解。是月，上從范仲淹之言，詔州縣皆立學。四月，仁宗與執政論朋黨事。 四月，宋夏議和達成協定，元昊削帝號，宋冊封元昊爲夏國主。 五月，范仲淹與韓琦對於崇政殿，上「和、守、戰、備」四策。六月，輔臣列奏，答手詔問五條。與韓琦奏陝西河北畫一利害事，陝西八事、河北五事。 八月，仲淹啓程宣撫河東，先	宣撫河東「奏邸之獄」 范請罷參知政事，乞知邠州。

		後歷經：絳、晉、汾、並忻代、憲州，岢嵐、保德、火山軍及府州、麟州等地于慶曆四年底。仲淹奏請以兩府兼判政事，詔以賈昌朝領農田，仲淹領刑法，未果。 九月，呂夷簡卒，晏殊罷，杜衍同中書門下平章事兼樞密使、集賢殿大學士，賈昌朝爲樞密使，陳執中爲參知政事。范仲淹檄正患病的種世衡與原州知州蔣偕合兵搶修細腰城，斷明珠、滅臧交通西夏之路。 十一月，王拱辰（1012〜085）等興「奏邸之獄」，范仲淹等所薦新進名士皆貶逐殆盡，蘇舜欽（1008〜1049）、劉巽被除名爲民，王益柔、王㳙、章岷、刁約、江休複、宋敏求等十人被貶謫外放。 范請罷參知政事，乞知邠州。	

		是年，呂夷簡、陳堯佐、王沿卒。畢升（？～1051）發明活字板印刷術。	
慶曆五年	1045 57歲	正月，**罷仲淹參知政事，以資政殿學士陝西四路按撫使，出知邠州，兼陝西四路緣邊安撫使**；罷富弼樞密副使，以京東西路按撫使知鄆州，杜衍罷相，出知兗州。 以賈昌朝爲同中書門下平章事兼樞密使、集賢殿大學士，王貽永爲樞密使，龐籍爲副使。 二月，韓琦上書仁宗，爲富弼辨解營救，被罷樞密副使，出知揚州。 四月章得象罷。 八月，歐陽修爲范、富、杜、韓四人辨解，被貶知滁州（今安徽滁州市）。 十一月，**解仲淹四路帥任，以給事中知鄧州**。	正月，罷仲淹參知政事，以資政殿學士陝西四路按撫使，出知邠州，兼陝西四路緣邊安撫使；解仲淹四路帥任，以給事中知鄧州。

北宋能臣
范仲淹

		富弼也被解除京東、西路安撫使。	
慶曆六年	1046 58 歲	正月，至鄧州任所。范雍病逝洛陽，范仲淹撰墓誌。 三月，賜禮部奏名進士、諸科及第出身八百五十三人，鄧人賈黯（1022～1065）第一。賈回鄧拜訪范仲淹，仲淹勉以「不欺」。 七月，繼室曹氏（另據考證爲張氏）生四子純粹（1046～1117）。 是年，范公在鄧粘修百花洲，重修覽秀亭，創建書院。 九月十五日應摯友滕子京之邀，在花洲書院寫下千古名篇《岳陽樓記》。冬，張燾使鄧，與范仲淹賀雪賞梅。	
慶曆七年	1047 59 歲	仍知鄧州。 四月，尹洙卒于鄧州，仲淹營護其喪事。 二月，賈昌朝罷，以陳執中爲	

		昭文館大學士．夏竦爲同中書門下平章事、樞密使，文彥博爲樞密副使、參知政事。是年，楊日嚴、滕子京、李迪卒。	
慶曆八年	1048 60歲	正月，詔移知荊南府，鄧民請留，范仲淹亦上表自請願留；二月，複知鄧州。張士遜致仕，封鄧國公，返鄉（湖北光化）過鄧，范仲淹置酒高會。是歲，元昊死，子諒祚繼位。文彥博爲同中書門下平章事、集賢殿大學士，夏竦罷，宋庠（996～1066）爲樞密使，龐籍爲參知政事。	正月，詔移知荊南府 二月，複知鄧州
皇佑元年	1049 61歲	正月，移知杭州，過陳州，拜會晏殊；三月，次子純仁進士及第。赴杭過蘇時，與兄仲溫議定在蘇州創辦義莊。七月，擢禮部侍郎，賜鳳茶，有謝表。十月，義莊成。有「義	正月，移知杭州 七月，擢禮部侍郎

		田活族[26]、「不買裴堂」典故。在杭,與漕使孫甫觀潮、賞雪,互有唱酬,時相過從。王安石(1021～1086)來訪。	
皇祐二年	1050 62歲	仍知杭州任上。 是歲,吳中大饑,朝廷詔兩浙流民人收養。范仲淹發司農存粟救荒,又「宴遊興造」,獨創以工代賑救災方式。 三月,李覯來杭謁范。 八月,上《進李覯明堂圖序表》,因范奏薦,旨授李覯將仕郎、太學助教。 九月,兄仲溫卒,有墓誌。 十月,爲蘇州義莊訂立規約。**遷戶部侍郎**。十一月,移知青州。	吳中大饑,范仲淹發司農存粟救荒 遷戶部侍郎。 十一月,移知青州。
皇佑三年	1051 63歲	春,赴任青州,過長山,禮參故鄉父老。 三月,至青州任所,與前任富弼交政。時青州大饑,到任即	三月,至青州任所,因病重難支,乞潁、

---

[26] https://fanti.dugushici.com/ancient_proses/71695

- 54 -

		賑濟救災。允百姓以錢代皇糧，除長途運輸之苦。 因病重難支，乞穎、亳間一郡就養。 十一月，以黃素小楷書韓愈《伯夷頌》寄蘇舜元（1006～1054），蘇分寄元老重臣題跋，爲後世留下書法精品。[27]	亳間一郡就養。
皇佑四年	1052 64歲	正月，扶病就道，移知穎州。行至徐州，已沉屙不起，仁宗遣使賜藥存問，於五月二十日卒於徐州。 時知徐州的友人孫沔（983～1060）悉力營護喪事。死前上《遺表》，一言未及家事。 卒，贈吏部尙書，諡文正。 十二月壬申，葬於西京洛陽伊川萬安山下，仁宗親篆其碑額「褒賢之碑」。富弼撰墓誌，歐陽修撰神道碑[28]，名公	正月，扶病就道，移知穎州。 贈吏部尙書，諡文正。 葬於西京洛陽伊川萬安山下。 靖康元年（1126）二月，追封爲

---

27 http://www.jrqzw.net/show-10-7315-1.html1
28 舊時立于墓道前記載死者生平事跡的石碑。以漢楊宸所題《太尉楊公神道碑銘》爲最早。據宋 高承《事物紀原·吉兇典制·神道碑》載，

		顯宦以祭文等方式表示對范仲淹的哀悼和崇敬之情。宣和五年（1123），應宇文虛中之請，賜慶州文正祠廟額爲「忠烈」，過化之邦立祠廟祭祀者凡十八處。靖康元年（1126）二月，追封爲魏國公。	魏國公。

婚姻家庭生活

大中祥符八年（1015）范仲淹以朱說名進士及第，中乙科第 97 名。在朝爲官九年後的三十六歲才結婚，對象是同窗同學因緣介紹，原來在應天府讀書的五年裏，是他首次脫離朱家，艱苦求學，對應天府感情自然深厚。范仲淹與同窗李紘交往甚密。

秦漢以來，死有功業，生有德政者皆可立碑。

晉宋之世，始盛行天子及諸侯立神道碑。《舊五代史‧唐書‧閔帝紀》：「藩侯帶平章事以上薨，許立神道碑，差官撰文。」宋顏文薦《負暄雜錄‧碑碣》：「天子諸侯葬時下棺之柱，其上有孔，以貫絆索，至棺而下，取其安審，事畢因閉壙中。臣子或書君父勳伐于碑上。后又立隧口，故謂之神道碑，言神靈之道也。今古碑上往往有孔者，蓋貫絆之遺像。」明 胡侍《眞珠船‧墳碑之制》：「〔金石例〕三品以上神道碑，五品以下不銘碑，謂之墓碣。」

指墓碑上記載死者事跡的文字，爲文體的一種。

宋 文瑩《玉壺清話》卷六：「是夕，普卒，上感悼涕泗，自撰神道碑，八分御書賜之。」

「李紘[29]，眞宗朝，昌齡從子，仕至龍圖閣學士」。
范仲淹的婚姻就是由李紘牽線，迎娶應天府楚丘人、太
子中舍李昌言的長女、李紘的堂妹李氏爲妻。李氏也是
已故參知政事（副宰相）李昌齡的侄女，兩人「郎才女
貌」結成恩愛夫妻。

　李氏生於約西元 994 年，卒於 1036 年，出身名門，
是參知政事李昌齡（937〜1008）的侄女。景佑三年（1036
年），范仲淹貶知饒州，李氏隨夫至任，卒於鄱陽湖官舍。
封金華縣君，後追封楚國太夫人。

　李昌齡弟兄三人，兄名昌圖，國子博士。弟名昌言，
職方郎中。昌言子三人：晉卿、仲卿、耀卿。女至少四
人，第四女（997〜1058）嫁鄭戩（992〜1053），李昌言
選女婿的標準是寒門出身的才子，曾說：「凡擇女所配，
必於寒素之門」。

　據《範氏家乘》載：「李氏，唐衛公靖之後。高祖唯，
來州膠水縣令，贈太子少傅。曾祖譚，磁州邯鄲縣令，
贈太子太傅。祖運，太常少卿，贈工部尚書。父昌言，
贈刑部尚書。景佑三年六月廿一日，先公十六年卒于鄱
陽郡宇。皇佑四年十二月合葬。歷封金華縣君、追封衛
國太夫人，又追封楚國太夫人」。富弼爲范仲淹撰《墓誌
銘》中也寫道：「娶李氏，故參知政事昌齡之侄，封金華

---

29 https://zh.wikipedia.org/wiki/%E6%9D%8E%E7%BA%AE_(%E5%AE%8B%
E6%9C%9D)

縣郡，卒于鄱陽」[30]。

「夫人張氏，生錢塘。曾祖諱幾，祖諱望之，考諱亢」。

于歸文正公。而嫡夫人蚤世，「夫人用文正公指意，佽助家事，敬老字孤，隆姻穆族，凡二十年」。「其間升黜進退去就，蓋有義，夫人能識其所以然者。文正公家無餘貲，喜施予。內恤疏屬，外賙士大夫。家人常飯脫粟，夫人悅樂推順之」。「寶文公生七歲，文正公寢疾，屬夫人曰：「是兒亦當大成，吾不及見之矣！逮其長也，使知吾所守所爲者。」及居文正公喪，雖困窶，未嘗有不足之歎」。

元祐七年壬申九月二十七日丁未，棄孝養於延安府第，享年七十有一。

謝觀音（963～1026）宋建隆四年二月十九日出生於眞定府韓家樓鄉高平村（今屬河北省正定縣曲陽橋鎭）爲富室獨生女，父親謝東霖（914～977），字南海，爲劉家上門女婿，多才多藝善於治家，入贅不久，便成爲方圓最富裕人家，被尊稱爲謝員外。母親劉氏，富室獨生女，夫婦婚後接連生過幾個孩子，只有謝觀音幸運獨活，廿六歲成婚，先贅范氏生一子范仲淹，後嫁朱氏生三子，歿於於天聖四年八月廿九日，享年六十四歲，被封爲穎

---

[30] http://henan.163.com/18/0606/14/DJKGVP7E04398DPR.html

川郡太君（四品），先後追封吳國泰夫人，秦國太夫人（一品）。

　　她生在高平村，逝世後葬在河南伊川高平陵，孫子范純仁范純禮分別被封爲高平侯和高平男，謝觀音自從攜兒與范仲淹於端拱二年（989）臘月初八日離開正定高平村後，就再也沒有回家祭拜自己祖先。范仲淹沒忘記自己出生地，在文章落款均有高平字樣，他的學生也自稱高平門下，高平講友，他與戚同文所創學派也打成高平學案[31]。

婚姻家庭生活詳表

　　天聖二年（1024），36 歲，娶應天府李昌言女李氏爲妻。生長子純佑（1024～1063）。

　　天聖四年（1026），38 歲八月，丁母謝氏夫人憂。天聖五年（1027），39 歲守母喪于南都應天府六月，次子純仁（1027～1101）生。天聖六年（1028），40 歲葬母于河南萬安山。十二月，范仲淹守喪期滿，經晏殊推薦，召爲秘閣校理，躋身館職。天聖九年（1031），43 歲三月，葬母于河南伊川萬安山。三子純禮（1031～1106）生。

---

[31] http://www.360doc.com/content/18/0320/12/8457042_738689173.shtml

景佑四年（1037），49 歲，仍在饒州任上。妻李夫人病卒。

慶曆二年（1042），54 歲，幼女生，後適韓城人張琬（昇子，終官知楚州）。

慶曆六年（1046），58 歲，七月，繼室曹氏（另據考證爲張氏）生四子純粹（1046～1117）。

皇佑元年（1049），61 歲，正月，移知杭州三月，次子純仁進士及第。赴杭過蘇時，與兄仲溫議定在蘇州創辦義莊。十月，義莊成。有「義田活族」[32]、「不買裴堂」典故。皇佑二年（1050），62 歲九月，兄仲溫卒。十月，爲蘇州義莊訂立規約。繼室張氏有墓誌[33]。

---

[32] http://www.ck.tp.edu.tw/~cywang/216file/ch15.files/chireports/33207

[33] 李清臣爲范仲淹繼室張氏撰墓誌銘
温莊靖共，動必於禮。文正公出入省府，長民賦政，提兵臨邊，參中書政事，已而報罷。至於奩具諸衣，或奉以爲助。寶文公初就學，夫人告之以文正公之遺意。既束髮，又告之以文正公所以治身治家之法。及其立朝，又告之以文正公所以事 君者。諄複不已，柔愛在心，嚴屬在色，族人師仰之。熙寧中，寶文公爲中書檢正官，以正論忤柄臣，且以罪去，懼傷夫人，意徐入開白。夫人曰：「吾從爾 先君，固屢逐，直道不可詘也，絀去庸何傷？子懷祿，諂事人，非父母之恥耶」？寶文公爲陝西轉運副使，議者欲再興師。公上書極論非計，人爲公懼。夫人慰勉之曰：「不辱 先君，爾大節也，或失祿養，吾能安之」。奏上，神宗皇帝謂輔臣曰：「范純粹論事，遂有父風，其言可聽也」。辛罷大舉。未幾，召以爲尚書右司員外郎。及神宗晏駕，入臨還家，夫人執手慟哭曰：「汝疏遠小臣，先帝所識拔，中間妄意言大事，在它人則貶，在汝則聽。此宜如何報？吾所以慟也」？嗟惋不食，是日感風痺之疾。寶文公帥環慶，夫人曰：「曩從爾先君開府於此，汝今嗣之，榮孰比！然先君有德在人，慎毋失父老之望」。後五年，寶文公以戶部侍郎召還須朝。夫人疾有加。會延安闕帥，朝廷重其選，以命寶文公，公以侍

皇佑四年（1052），64 歲，五月二十日卒於徐州。十二月壬申，葬於西京洛陽伊川萬安山下。

范仲淹的師友及拔才勉才（一）

淳化三年（992），4 歲　安鄉興國觀司馬道士是其蒙師之一；16 歲拜朱文翰好友崔遵度（954～1020）爲師習琴；20 歲出遊鄠（治今陝西戶縣）郊，與王鎬（？～1027）、道士周德寶、屈應元等嘯傲于鄠、杜之間，一起登臨終南山，撫琴論《易》。

天禧元年（1017），29 歲，上官佖知亳州，其子上官融（995～1043）侍行，與仲淹相交；上官融（995～1043），北宋人，字仲川，華陽（今四川成都）人。幼專詞學，秀出流輩。天聖二年（1024）秋，廣文館舉進士，試第一。次年，試於太常寺，又爲第一，名動京師。未第，丁父憂，賜同學究出身，授信州貴溪主簿。遷蔡州平輿縣令，掌眞州鹽倉。以疾，除太子中舍致仕。慶曆三年（1043）卒，年四十九。善議論，所與遊者皆以文學風義相許。著有《友人會談錄》三卷，今有宛委別藏

親不可以遠行，辭之至五六。二聖遣使諭曰：「延安重寄，軍事方起，從夫人輟愛子以往，可乎」？夫人謂寶文公曰：「君命不可終拒，吾雖羸老，當力疾以行也」。詔賜茶藥數十百斤，聽擇名醫二人以偕。慰寵恩數，未嘗有也。延亦文正公之舊治。既至歲餘，病益劇，乃以元祐七年壬申九月二十七日丁未，棄孝養，享年七十有一。

本、清抄本。事蹟見范仲淹《太子中舍致仕上官君墓誌銘》(《范文正公集》卷一三) [34]。

天禧三年(1019),31 歲,與詩人石曼卿(994〜1041)交際于太清宮[35]。石曼卿就是石延年。石延年(西元 994〜1041 年)字曼卿,又字安仁,號葆光,南京宋城(今河南省商丘市)人。北宋文學家與書法家,善書法,尤工詩,著有《石曼卿詩集》傳世。石延年於宋眞宗年間以右班殿直,改太常寺太祝,累遷大理寺丞,官至秘閣校理、太子中允。

他的祖先是幽州人。後晉把幽州送給契丹,他的祖父就率領全族人向南方轉移,留居在宋城。石延年的爲人放縱不拘,崇尙氣節,讀書通大義,作文章勁健有力。對詩最擅長而且還善於繪畫。他屢次考進士,都不中。眞宗錄用三舉的進士者以爲三班奉職,延年起先恥不就,後經張知白勸說而就職。宋仁宗康定二年(西元 1041年),卒於京師開封,得年四十八歲。石曼卿尤工詩,善書法,著有《石曼卿詩集》傳世[36]。

太清宮位於鹿邑縣城東 5 公里,是我國歷史上規模最大的道觀之一。太清宮分前後二宮。太清宮稱前宮,

---

[34] https://baike.baidu.com/item/%E4%B8%8A%E5%AE%98%E8%9E%8D/3603703

[35] https://kknews.cc/history/vop9k2q.html

[36] https://factpedia.org/index.php?title=%E7%9F%B3%E6%9B%BC%E5%8D%BF&variant=zh-hant

祭祀老子；洞霄宮稱後宮，祭祀李母。大中祥符年間，真宗封老子為「太上老君混元上德皇帝」，重建太清、洞霄二宮，規模較唐尤盛。北宋末靖康之亂中，焚毀後，金、元、明、清歷代均有修繕。

仁宗天聖元年（1023），35 歲，仲淹與富弼、滕子京（991～1047，同年進士）、胡瑗（993～1059）、周孟陽相交。

滕宗諒（991 年～1047 年），字子京，北宋時官員，河南洛陽人。少年為游俠，大中祥符八年進士，曾於任官時，任意花費公使錢而被彈劾，後貶至巴陵。宋人王闢之《澠水燕談錄》稱「滕子京謫守巴陵，治最為天下第一。」《宋史》評價：「宗諒尚氣，倜儻自任，好施與，及卒，無餘財。[37]」

滕子京文會堂[38]是江蘇省新建的一座人為景觀，位於江蘇省泰州市東城河畔。文會堂內有范仲淹（998～1053）和滕宗諒（991～1047）二人的塑像。按照當時的史實，還應該增加胡瑗（993～1059）、周孟陽（1000～1068）、富弼（1004～1083）三人。他們在北宋・天聖中（1023～1031）適逢其會地都聚集在泰州。范任西溪鹽監、滕任泰州通判、胡、周是泰州人，其時尚未做官，富弼是洛陽人，時年二十，侍父富言（任泰州稅監）來

---

[37] https://baike.baidu.com/item/%E6%96%87%E4%BC%9A%E5%A0%82
[38] https://zh.wikipedia.org/wiki/%E6%BB%95%E5%AE%97%E8%AB%92

泰在景德禪院讀書。這五人常在一起切磋學問、吟詩雅
集。因此，滕宗諒特地在州署內建了一堂，取以父會友
之義，名曰「文會堂」。

富弼（1004 年～1083 年），字彥國，中國宋朝政治
家，河南（今河南洛陽東）人。富弼為官清正，頗有廉
聲[39]。

胡瑗（993 年～1059 年）。字翼之，泰州海陵（今江
蘇泰州）人。因世居安定堡，故世稱安定先生。北宋教
育家，為「宋初三先生」之一，被認為是理學先聲。胡
瑗與孫復、石介並稱「宋初三先生」[40]。

天聖三年（1025），37 歲秋，因發運副使張綸（962
～1036）薦，知興化縣事。

天聖四年（1026），38 歲春有兩浙之行，過杭州、
諸暨等地，與胡則（963～1039）、林逋（968～1028）、
唐異等人相聚。林逋（967 年或 968 年～1028 年），字君
復，諡和靖先生，世稱林和靖，又稱林靖或逋逋。北宋
隱逸詩人。

林逋隱居西湖孤山，終生不仕不娶，惟喜植梅養鶴，
自謂「以梅為妻，以鶴為子」，人稱「梅妻鶴子」[41]。

胡則（963 年～1039 年），初名廁，字子正，北宋名

[39] https://zh.wikipedia.org/wiki/%E5%AF%8C%E5%BC%BC
[40] https://zh.wikipedia.org/wiki/%E8%83%A1%E7%91%97
[41] https://zh.wikipedia.org/wiki/%E6%9E%97%E9%80%8B

臣，婺州永康人，一生歷仕太宗、仁宗、眞宗三朝，「十握州符，六持使節」，爲官四十八載。卒後在浙江民間逐漸成爲信仰的對象，被稱爲胡公、胡公大帝。胡廁於宋端拱二年（989 年）登進士，宋太宗賜名爲「則」。[42]

唐異（公元十世紀末至十一世紀上半葉）本名唐異，字子正，北宋隱士。

他善書法，深爲范仲淹所稱道，稱其與西台李建中相左右。唐異亦善於琴，爲隱士之風。《墨池編》爲其主要作品。「唐異」詩詞全集（2 首）1、《塞上作》防秋人不到，萬里絕妖氛。馬牧降來地，鵰間戰後雲。月依孤壘沒，燒逐遠荒分。未省爲邊客，宵笳懶欲聞。2、《閒居書事》幽居經宿雨，尾齒遍林塘。一境無過客，千山自夕陽。畫禽多獨語，夏木有餘涼。招隱詩慵寄，時清誰肯忘。

天聖五年（1027），39 歲晏殊出守應天府，邀仲淹掌應天府書院，同時執教者還有王洙（997～1057）、韋不伐（978～1051）等人。孫復（992～1057）來謁，授以《春秋》，資助孫就讀于應天書院。

晏殊（991 年～1055 年 2 月 27 日），字同叔，撫州臨川文港鄉（今南昌進賢縣）人，北宋前期政治家、婉約派詞人，與歐陽修並稱「晏歐」。晏殊是詞人晏幾道父

42 https://zh.wikipedia.org/wiki/%E8%83%A1%E5%88%99

親，世稱晏殊爲大晏，晏幾道爲小晏。晏殊自幼聰穎，七歲能文，十四歲時因宰相張知白推薦，以神童召試，被朝廷賜同進士出身，之後到秘書省做正字，及後累遷太常寺奉禮郎、光祿寺丞等，並成爲當時太子趙禎（即後宋仁宗）的太子舍人[43]。

孫復（992 年～1057 年），字明復，號富春，晉州平陽（今山西臨汾）人。世稱泰山先生父早亡，幼貧，力學不輟，進士不第，隱居泰山，石介等皆師事之。爲范仲淹等推重，任秘書省校書郎、國子監直講，官至殿中丞。生平提倡「以仁義禮樂爲學」，與胡瑗、石介並稱「宋初三先生」[44]。

范仲淹的師友及拔才勉才（二）

天聖七年（1029），41 歲，供職秘閣。秋，以發解官[45]主持別頭試于太常寺，拔張問（995～1046）策論於

---

[43] https://zh.wikipedia.org/wiki/%E6%99%8F%E6%AE%8A
http://xbzs.ecnu.edu.cn/CN/html/201504018.htm

[44] https://zh.wikipedia.org/wiki/%E5%AD%AB%E5%BE%A9

[45] 唐宋時，應貢舉合格者，謂之選人，由所在州郡發遣解送至京參與禮部會試，稱「發解」。
北宋雍熙二年(985)，始命省試考官親戚移試別處。鹹平元年(998)，始派官別試國子監、開封府發解官親戚。景祐四年(1037)，各路亦實行別頭試。解試或省試時，考官及有關官員的子弟、親戚、門客，均須迴避，另派考官，專門設立考場考試，並單獨規定錄取名額，成爲一種迴避親嫌的科舉考試制度。惟有殿試無別頭試，因殿試系由皇帝親自主持，無須避親。

高等。天聖八年（1030），42 歲，春，曾赴陝西，逢故
人周道士于長安，共同懷念亡友王鎬。六、七月，與周
暎、歐靜討論滕宗諒所編唐制誥集的書名問題，認爲名
爲《唐典》不當。勸富弼「當以大科名進」，弼應試中制
科，中茂才異等科。

　　天聖九年（1031），43 歲，時楊日嚴知陳州，胡則
繼之。與胡則長子胡楷[46]有「布素之遊」。昔日在館閣的
摯友吳遵路（988～1043）因上書忤太后意而被貶崇州
（即通州，治今江蘇南通），即寄詩爲其壯行。與友人游
嵩山。

　　楊日嚴，字垂訓，宋朝河南人。進士及第，曾任安
丘知縣，通判亳、陳二州。楊日嚴任益州轉運使時，頗
爲蜀人所信愛，卻在任內因貪污被歐陽修彈劾，從此與
歐陽修結怨，並且設法攻擊。後爲開封府代理知府，有
囚犯自殺因被罷官。後判太常、司農寺，同知審官院，
卒於官[47]。

　　吳遵路（988～1043），字安道，宋潤州丹陽（今屬
江蘇）人。幼聰敏博學，眞宗大中祥符五年（1012）進

46　從范仲淹爲胡則所作的《墓志銘》考證：宋寶元二年（1039 年）六月
　　十八日，胡則逝世。其長子胡楷（進士、杭州通判、都官員外郎）持
　　浙東簽書寺丞俞君信札，泣請友人范仲淹爲父作銘。欽定四庫全書《范
　　文正集》內載《兵部侍郎致仕胡公墓志銘》有曰：「公諱則，字子正，
　　婺之永康人也。」

47　https://zh.wikipedia.org/wiki/%E6%A5%8A%E6%97%A5%E5%9A%B4

士。累官殿中丞，爲秘閣校理。出知常州，歷淮南轉運副使，兼發運司事，于眞、楚、泰州及高郵軍置斗門以利蓄泄灌溉；又增常平倉儲積備荒。召修起居注。西夏起兵，論恢復民兵，施行于河東路，爲諸路效仿。進兵部郎中、權知開封府，馭吏嚴肅。爲呂夷簡所忌，出知宣州。上《禦戎要略》、《邊防雜事》。官終龍圖閣直學士、知永興軍。善筆箚，悉得江南李主及二徐所傳二王拔鐙筆法。《宋史本傳》、《王氏談錄》[48]。

明道二年（1033），45 歲，上奏乞以通州吳遵路救災事蹟頒諸郡爲法，又請追恤含冤自縊身亡的前知衛眞（治今河南鹿邑）縣事黎德潤。

景佑元年（1034），46 歲，正月，薦丁鈞、鄧資、徐執中、衛齊、盧革、李碩、張弁並公廉文雅，爲眾所稱，堪充京官。四月至睦州任所。憑弔嚴子陵釣台，重修嚴子陵祠堂，建龍山書院。政務之餘，寄情山水，佳作迭出。

嚴子陵釣台位於浙江桐廬縣南十五公里富春山麓，是浙江省著名旅遊勝地之一，也是浙江省文物保護單位.東漢文士嚴光，字子陵會稽餘姚人，少年時與漢光武帝劉秀是要好的同窗。劉秀起兵，嚴光積極幫助，及劉秀稱帝，嚴光隱姓埋名，垂釣於富春江畔，光武帝多次延

48 https://baike.baidu.com/item/%E5%90%B4%E9%81%B5%E8%B7%AF

聘，二人嘗同床共臥，暢敘達旦，然而嚴光仍不為所動，寧願退隱於富春山。後人皆稱頌嚴光高風亮節，不為高官厚祿所動[49]。

范仲淹於宋仁宗明道年間被貶謫至睦州（今浙江桐廬、建德、淳安），建嚴先生祠，使其後人奉祀。

景佑二年（1035），47 歲，仍在知蘇州任上。擇南園地建蘇州郡學，延胡瑗等為州學教授。五月，靈岩寺定惠大師宗秀來訪，請序。

范仲淹的師友及拔才勉才（三）

景佑三年（1036），48 歲，貶知饒州（今江西鄱陽縣），余靖（1001～1047）、尹洙（1000～1064）論救，歐陽修切責高若訥（997～1055），相繼貶外，士論榮之；蔡襄（1012～1067）作《四賢一不肖》詩，朝野傳誦。史稱景佑黨爭。仲淹貶外，都門餞送者僅李紘、王質（1001～1045）二人。八月，至饒州任所。遷建郡學，自此「生徒浸盛」。李覯來訪。

余靖（1000 年～1064 年），原名希古，字安道，號武溪，韶州人（今廣東省韶關市），北宋政治人物，宋仁

---

[49] https://zh.wikipedia.org/wiki/%E4%B8%A5%E5%AD%90%E9%99%B5%E9
%92%93%E5%8F%B0

北宋能臣
范仲淹

宗時期的諫議大夫。著有《海潮圖序》。謚忠襄[50]。

　　尹洙（1002 年～1047 年 5 月 7 日），字師魯，河南
洛陽（今河南洛陽市）人，世稱河南先生，北宋文人。
宋仁宗天聖二年（1024 年）進士，授絳州正平縣主簿，
歷任河南府戶曹參軍、知河南府伊陽縣（治今嵩縣境
內）、安國軍節度判官等職。後充館閣校勘，遷太子中允。
時值范仲淹因指責丞相而被貶饒州，尹洙上疏自言：「仲
淹忠亮有素，臣與之兼師友，則是仲淹之黨也。今仲淹
以朋黨被罪，臣不可苟免。」遂一起獲罪，被貶爲崇信
軍節度掌書記[51]。

　　高若訥（997 年～1055 年），字敏之，本并州榆次
（今屬山西）人。徙家衛州（今河南汲縣）。生於宋太宗
至道三年（997 年），天聖進士。歷任龍圖閣直學士、史
館修撰等職。1036 年，范仲淹向宋仁宗獻《四論》指陳
時弊，宰相呂夷簡誣指范搞朋黨，離間君臣。司諫高若
訥亦詆毀范仲淹。館閣校勘歐陽修寫信罵他「不復知人
間有羞恥事！」高若訥大怒，把信拿給皇帝看，歐陽修
貶夷陵（今湖北宜昌）令。慶曆七年（1047 年），爲樞
密副使，貝州王則兵變，派兵前往鎮壓。因母病兼習醫
書，故精醫術，考校《傷寒論》、《千金方》、《外台秘要》

---

[50] https://zh.wikipedia.org/wiki/%E4%BD%99%E9%9D%96
[51] https://zh.wikipedia.org/wiki/%E5%B0%B9%E6%B4%99

等書。卒於仁宗至和二年（1055 年）[52]。

　　王質（1001 年～1045 年），字子野，莘縣人。王旦
之侄。早年好學，拜楊億爲師，楊億極力稱其才氣，最
初以恩蔭補官太常寺奉禮郎，後進士及第，授館閣校勘、
集賢校理。姻親范仲淹被貶官，無人敢送行，獨龍圖直
學士李紘與王質出郊餞行。王質說：「希文（范仲淹）賢
者，得爲朋黨，幸矣！」累官至尚書祠部員外郎。范仲
淹稱他「兼通佛老微旨」。編有《寶元總錄》100 卷。出
知陝州（今陝西陝縣）。卒於任上[53]。長女嫁范仲淹子范
純仁。

　　景佑四年（1037），49 歲，仍在饒州任上。妻李夫
人病卒。知建德縣事（今安徽至德縣）梅堯臣往弔且有
唱詩。

　　梅堯臣（1002 年～1060 年），字聖俞，行二，世稱
宛陵先生，又稱梅二十五。宋眞宗咸平五年（1002 年）
四月十七日生於江南東路宣州宣城（今安徽省宣城縣雙
溪）人。北宋著名現實主義詩人[54]。宋仁宗明道二年（1033
年）寒多，堯臣赴京應進士試，但再次落榜，內心十分
惆悵。景佑元年（1034 年），爲建德縣令。50 歲後，始

---

[52] https://zh.wikipedia.org/wiki/%E9%AB%98%E8%8B%A5%E8%AE%B7
[53] https://zh.wikipedia.org/wiki/%E7%8E%8B%E8%B3%AA_(%E5%8C%97%E5%AE%8B)
[54] https://zh.wikipedia.org/wiki/%E6%A2%85%E5%B0%A7%E8%87%A3

得宋仁宗召試，賜同進士出身，後任授國子監直講，遷尚書屯田都官員外郎，故時稱「梅直講」、「梅都官」。

寶元元年（1038），50 歲，正月，赴如潤州所。道經江西彭澤，謁狄仁傑祠，重撰狄梁公碑。至丹陽郡境，游茅山。憑弔京口甘露寺李德裕奠堂，游北固樓，有世事滄桑之感。歡宴相訪的滕宗諒、魏兼兩位同年摯友。在潤州籌建郡學，修清風橋。清風橋後人名之曰「范公橋」。十一月，知越州（治今浙江紹興），途中訪友人邵餗，在杭州拜訪仕故人胡則。

范仲淹的師友及拔才勉才（四）

寶元二年（1039），51 歲，邀李覯（1009～1059）來越執教。孫沔回越掃墓，請范仲淹為其曾祖父孫鶚撰墓誌。

李覯（1009 年～1059 年），字泰伯，北宋建昌軍南城（今屬江西南城縣）人，北宋思想家、詩人。十四歲喪父，其母「墾閱農事，夜治女功」，兩次應試不中，遂以教書為業，創立「盱江書院」。皇祐二年（1050 年），因范仲淹、余靖推薦於朝，授將仕郎，試太學助教。嘉佑四年（1059 年），權同管勾太學，不久歸里，遷葬祖母。是年八月卒於家。因居南城盱江邊，學者稱盱江先

生。著有《直講李先生文集》[55]。

孫沔（996年～1066年），字元規，越州會稽（今浙江紹興）人，北宋官員。

天禧三年（1019年）進士，補趙州司理參軍。歷仕外官，累遷監察御史，皇祐五年（1053年）與狄青平定廣源州蠻儂智高叛亂有功，官至陝西轉運使。呂夷簡在病中看孫沔的奏章時曰：「孫元規藥石之言，但恨遲聞十年爾。」

孫沔好女色，常與聲妓同行，日夜流連於西湖。又奪莘旦之妻趙氏女。出知杭州時，因殘暴被劾。英宗時，起知河中府，又知慶州[56]。

康定元年（1040），52歲三月，應陝西經略安撫副使韓琦（1008～1075）舉薦，范仲淹複官天章閣待制、知永興軍；四月，改刑部員外郎、兼侍御史知雜、陝西都轉運使，七月，又遷龍圖閣直學士，與韓琦同被任命為陝西經略安撫副使、同管勾都部署司事，夏竦為安撫使。仲淹授狄青以《春秋左傳》，遂成就一代名將。遣種世衡（985～1045）興築青澗城（在延州北約200華里處），營田實邊。十月，遣朱觀等襲破西夏洪州界郭壁等十餘寨。張載（1020～1078）赴陝謁仲淹，有投筆從戎之志，仲淹勉以治《中庸》，載勵志苦學，遂成宋代名儒。

---

[55] https://zh.wikipedia.org/wiki/%E6%9D%8E%E8%A6%AF
[56] https://zh.wikipedia.org/wiki/%E5%AD%AB%E6%B2%94

狄青（1008 年～1057 年），字漢臣，北宋河東路汾州西河（即今山西汾陽）人，出身寒門。北宋名將，打仗時常戴面具，曾討伐西夏、廣西儂智高，驍勇善戰，立下不少赫赫戰功，官至樞密使，諡武襄，追贈中書令、尚書令。於民間有著武曲星下凡之說，與文曲星「包拯」共同輔佐宋仁宗治國安民，是為宋朝一代傳奇名臣[57]。

種世衡（985 年～1045 年），字仲平，工部侍郎種放之姪子，父種昭衍，因為叔父種放恩蔭而補任將作監主簿入仕。為北宋一朝種家將的開山人。著名軍事家、書畫家。為時總領西北軍務的范仲淹一手提拔。招撫羌人，康定元年在延州東北 200 里處築青澗城，遷內殿崇班（階官，三班使臣，大使臣，正八品），知城事（差遣）。以固延州之勢，撫城安羌民，「在邊數年，積穀通貨，所至不煩縣官益兵增饋。善撫養士卒，病者遣一子專視其食飲湯劑，以故得人死力。」慶曆三年，遷洛苑副使（階官，諸司副使，西班，從七品），調知環州事，到任後，即巡境撫慰羌民相繼來歸，同年西夏軍進攻渭州（今甘肅平涼），率軍出援有功，晉升為東染院使（階官，諸司正使，西班，正七品）、環慶路兵馬鈐轄。慶曆五年正月七日（1 月 27 日）卒，贈成州團練使（階官，正任團練使，從五品）。

---

57 https://zh.wikipedia.org/wiki/%E7%8B%84%E9%9D%92

曾巧施離間計，除去西夏李元昊的心腹大將野利旺榮、野利遇乞兄弟[58]。

　　慶曆二年（1042），54 歲，四月，大將周美屢敗西夏軍，范仲淹、龐籍交薦之，除鄜延都監，遷賀州刺史。十月，王信、狄青、景泰因軍功遷官，王、狄各兼本路經略安撫招討副使，乃范仲淹疏薦之結果。十一月又據范仲淹建議，徒文彥博（1006～1097）帥秦州，滕宗諒帥慶州，構成宋陝西四路攻防體系。

　　慶曆三年（1043），55 歲，十月，上從范、富之薦，用張溫之為河北都轉運使。王素為淮南都轉運使‧孫邈為京東都轉運使。范仲淹為滕宗瓊、張亢公使錢案辯。吳遵路、朱宋韓瀆卒。

　　慶曆三年（1044），56 歲，十一月，王拱辰（1012～1085）等興「奏邸之獄」，范仲淹等所薦新進名士皆貶逐殆盡，蘇舜欽（1008～1049）、劉巽被除名為民，王益柔、王洙、章岷、刁約、江休複、宋敏求等十人被貶謫外放。范請罷參知政事，乞知邠州。是年，呂夷簡、陳堯佐、王沿卒。

　　慶曆五年（1045），57 歲，八月，歐陽修為范、富、杜、韓四人辨解，被貶知滁州（今安徽滁州市）。

---

58 https://zh.wikipedia.org/wiki/%E7%A7%8D%E4%B8%96%E8%A1%A1

范仲淹的師友及拔才勉才（五）

慶曆六年（1046），58 歲、正月，至鄧州任所。范雍病逝洛陽，范仲淹撰墓誌。

三月，賜禮部奏名進士，鄧人賈黯（1022～1065）第一。賈回鄧拜訪范仲淹，仲淹勉以「不欺」，九月十五日應摯友滕子京之邀，在花洲書院寫下千古名篇《岳陽樓記》。冬，張燾使鄧，與范仲淹賀雪賞梅。

特奏名措施[59]，是要提供多次應舉未及第而年紀漸長舉子一條疏散的管道，但效果似乎有限，一來是考生人數日增且過於龐大，以致無法完全消化累積的落第舉子；二來是往往出現特奏名人數不是超過正奏名、就是與其相當的異常。

范雍（981 年～1046 年），字伯純。河南（今河南洛陽）人。西夏人稱頌范仲淹的歌謠，「今小范老子腹中自有兵甲，不比大范老子可欺也。」，稱范雍為大范老子，然而事實為范仲淹本人編造歌謠。其子范宗傑、孫范子奇及曾孫范坦與范雍均為北宋官員，而其子范宗傑先於范雍過身。世家太原（今屬山西），祖葬河南，故稱河南人。真宗咸平初年進士。咸平三年（1000 年），補洛陽主簿。歷兵部員外郎、戶部副使、度支副使、工部郎中、龍圖閣待制、陝西轉運使。天聖四年（1026 年）拜右諫

---

59 http://www.edubook.com.tw/OAtw/File/PDf/150212.pdf

議大夫。明道二年（1033 年）罷知陝州。寶元二年（1039年），以資政殿學士、吏部侍郎爲振武軍節度使。慶曆六年（1046 年）卒。著有《明道集》三十卷、後集十卷，《彌綸集》十卷。范雍爲後蜀宰相范仁恕之後人[60]。

賈黯（公元 1022～1065），字直孺，鄧州穰人。23歲時中甲申（1044）科進士第一名（狀元）起家，作監丞，作襄州通判，後官至尚書左司朗中，知開封府，任給事中兼御史中丞。因病求出，以翰林侍讀學士知陳州，未行崩卒，年僅 44 歲，贈尚書禮部侍郎[61]。

張燾，字景元，樞密直學士奎之子也。舉進士，通判單州。北宋官吏，字景元。父親張奎爲樞密直學士。後中進士，初任通判，後累遷至通議大夫。在平定叛亂，維繫民生上頗有建樹。生卒不詳，卒時年七十。燾才智敏給，常從范仲淹使河東。至汾州，民遮道數百趨訴，仲淹以付。燾方與客弈，局未終，處決已竟[62]。

滕宗諒（991 年～1047 年），字子京，北宋時官員，河南洛陽人。少年爲游俠，大中祥符八年進士，曾於任官時，任意花費公使錢而被彈劾，後貶至巴陵。宋人王闢之《澠水燕談錄》稱「滕子京謫守巴陵，治最爲天下第一。」《宋史》評價：「宗諒尙氣，倜儻自任，好施與，

60 https://zh.wikipedia.org/wiki/%E8%8C%83%E9%9B%8D
61 https://kknews.cc/zh-tw/history/yynem9a.html
62 https://baike.baidu.com/item/%E5%BC%A0%E7%84%98/18909761

及卒，無餘財。」慶曆四年春，將滕宗諒貶到岳州巴陵郡（今湖南岳陽一帶）。後謫守岳州三年，滕宗諒任內向民間債主們宣告，只要付一筆錢，由政府向欠錢不還者追債，債主們紛紛委託，政府於是賺到了一萬緡，用於重修岳陽樓。縣誌記載，新修的樓臺規模宏大，極為壯麗。滕宗諒寫《與范經略求記書》給范仲淹，請他作記，隨信附送《洞庭秋晚圖》，范仲淹即應邀執筆寫下了名聞遐邇、廣為後世傳誦的《岳陽樓記》一文。岳陽樓四絕，滕子京：重修，蘇舜欽：繕寫，邵餗：篆額，范仲淹：寫記[63]。

慶曆七年（1047），59 歲，仍知鄧州。四月，尹洙卒于鄧州，范仲淹營護其喪事。

皇佑元年（1049），61 歲，正月，移知杭州，過陳州，拜會晏殊；三月赴杭過蘇時，與兄仲溫議定在蘇州創辦義莊。十月，義莊成。有「義田活族」、「不買裴堂」典故。在杭，與漕使孫甫觀潮、賞雪，互有唱酬，時相過從。王安石（1021～1086）來訪。

孫甫（998 年～1057 年）字之翰，許州陽翟人。生於宋眞宗咸平元年（998 年），少時好學，「日誦數千言，慕孫何爲古文章」。天聖五年（1027 年）得同學究出身，爲蔡州汝陽縣主簿。八年（1030 年），再舉進士及第，

---

[63] https://zh.wikipedia.org/wiki/%E6%BB%95%E5%AE%97%E8%AB%92

為華州觀察推官[64]。

皇佑二年（1050），62 歲，三月，李覯來杭謁范。八月，上《進李覯明堂圖序表》，因范奏薦，旨授李覯將仕郎、太學助教。

皇佑三年（1051），63 歲，春，赴任青州，過長山，禮參故鄉父老，十一月，以黃素小楷書韓愈《伯夷頌》寄蘇舜元（1006～1054），蘇分寄元老重臣題跋，為後世留下書法精品。

蘇舜元（1006 年～1054 年），字才翁。梓州銅山（今廣福鎮人）人。蘇易簡之孫，蘇舜欽之兄。生於宋眞宗景德三年（1006 年），官至尚書度支員外郎。善草書，蘇東坡評說：「才翁草書眞跡，當為歷世之寶。」與蘇易簡、蘇舜欽祖孫三人並稱「銅山三蘇」。卒於仁宗至和元年（1054 年）[65]。

皇佑四年（1052），64 歲，五月二十日卒於徐州。時知徐州的友人孫沔（983～1060）悉力營護喪事。

孫沔（996 年～1066 年），字元規，越州會稽（今浙江紹興）人，北宋官員。

天禧三年（1019 年）進士，補趙州司理參軍。歷仕外官，累遷監察御史，皇佑五年（1053 年）與狄青平定

[64] https://zh.wikipedia.org/wiki/%E5%AD%AB%E7%94%AB

[65] https://zh.wikipedia.org/wiki/%E8%98%87%E8%88%9C%E5%85%83

廣源州蠻儂智高叛亂有功，官至陝西轉運使[66]。

西夏用兵篇　出將 52 歲

西夏邊防（范仲淹新傳，程應鏐）

前言

　　夏國是黨項族建立的國家，疆域包括今甘肅大部、寧夏全部、陝西北部、青海、內蒙古部份地區，東據黃河，西抵玉門（今甘肅敦煌西），南臨蕭關（今寧夏同心南），北及大漠。唐末五代黨項就佔領夏州、綏州、銀洲、和宥州（今之陝北及其鄰近的西北），滅此勢力但沒有成功。

　　眞宗時繼遷攻占靈州（今銀川市南青銅峽東），景德元年（1004）宋與契丹成立壇淵之盟，二年李繼遷死，兒子德明繼位，宋復與德明媾和封其爲西平王，每年給金帛、緡錢、茶葉，天聖九年（1031）德明死其子元昊繼位，二十多年的和平，夏國經濟軍事都有所強化，寶元元年（1038）元昊稱大夏皇帝，改都城興州（今寧夏銀川市）爲興慶府。

　　康定元年（1040.1.）夏兵圍延州，眾十萬，范雍以振武軍節度駐守延州，延安城內幾無守備，駐兵也很少，

---

[66] https://zh.wikipedia.org/wiki/%E5%AD%AB%E6%B2%94

夏先攻佔延州西北的保安（今陝西志丹），復東進延州北的金明寨，陝西近邊的地方，寨堡城鎮都是軍事據點，守將爲鐵壁相公的李世彬輕敵被擒，從慶州（今陝西慶陽），馳援延州的大將劉平，從延州出援保安及金明寨的石元孫，在三川口陷入夏軍的埋伏，全軍被擊潰，延州被圍七天，危在旦夕，一夜大雪，夏軍才撤去，三川口之戰，震驚朝廷，范雍降調知安州（今湖北安陸）。

調任范仲淹

時任陝西安撫使韓琦推薦知越州范仲淹，他正強自寬解於神仙境中，因爲他被認爲是搞朋黨的人而被外調。說到朋黨，是極端嚴重的，漢朝及唐朝都因朋黨招來亡國之禍，因此韓琦推薦時說，「若涉朋比，誤陛下事，當族。」還特別聲明爲了國家非爲私情。

三月，樞密院領導班子晏殊宋綬，晏殊到任前後多次提議讓參知政事與樞密院同議邊事，廢除內臣監軍的制度，要給邊將指揮的權力，以便視敵情進攻或防守。按宋初以來，皇帝據以陣圖授諸將，嚴格控制行軍用兵之權。

范仲淹被調北來恢復天章閣待制，知永興軍，未到任又改任爲陝西都轉運使。到任不久便提出安邊以實關中說，五月，宰相張士遜致仕，呂夷簡三次入相，他第二次罷相是與王曾不和。入相後，建請仁宗加官爵與范仲淹，獲升爲龍圖閣直學士，並寫信鼓勵范仲淹。

　　范仲淹回信說自己,「效賈生慟哭太息,而朝廷方屬太平,不喜生事,因此得罪了皇帝與大臣,被認爲狂士」范仲淹認爲,只不過是陸龜蒙所說的,草木之性,「其本不怪,乘陽而生,小已遏不伸不直,而大丑彰於形質,而天下指之爲怪木,豈天性之然哉」回信中也說郭子儀和李光弼兩人關係恰如今之兩人之關係,「昔郭汾陽與李臨懷有隙,不交一言,及討安祿山之亂,則握手泣別,勉以忠義,終平劇盜,實二公之力」。

　　他讚美夷簡有汾陽之心而自己卻缺乏臨懷之才之力,但必盡心盡意,獲升爲龍圖閣直學士之日,同時與韓琦被任命爲陝西經略安撫副使,同管勾都部署司事,夏竦則爲安撫使,總管一路的軍政和民政,都部署司是單純的軍事指揮機關。對西夏用兵,夏竦認爲要記取太宗時五路出兵失敗的教訓,要正確估量敵我雙方的力量,計較攻守的利害,不可只考慮如何去進兵,這一點與范仲淹的看法一致,主張持久的防禦戰,不贊成深入的進攻戰。

　　(漢文帝時,賈誼曾上《治安策》陳政事,中有「臣竊惟事勢,可爲痛哭者一,可爲流涕者二,可爲長太息者三」之句。後世遂以「賈生涕」表達憂國傷時的心情。亦作「賈生淚」等。)

部署選任人才

　　田況、胡瑗調來經略安撫司，田況任判官，胡瑗爲勾當公事。八月推薦段少連可任邊要，被命爲龍圖閣直學士知涇州（今甘肅涇川北），歐陽修、張方平，充經略安撫司掌書記，經略安撫司設在長安（今陝西西安市）。

視察延州整軍練武

　　金明寨距州城四十里，原寨三十六，兵馬數萬，戰後蕩盡；塞門寨在金明北，被圍百日，沒有敢去救援者，寨破軍民數千一時覆沒，延州以北，東西四百里，現只有金明寨在重建，延州守軍兩萬六千，缺乏訓練，現任知州張存，因故請求內調，范仲淹急遞請求去延州並兼領州事。

　　在謝知延州表中說，「臣職貳統戎，志存殄寇，所宜盡瘁，敢昧請行，自荐老成，固慚於漢將，誓平此賊，詎擬與唐賢」。

　　延州守軍一萬八千人，到任後即抓緊整軍訓練。先前，邊路分馬步軍部署，統兵萬餘人，兵馬鈐轄領兵五千，兵馬都監帶兵三千，禦敵時官卑者先出戰。他把一萬八千人分爲六將，每部置一將，加強訓練，根據「敵之寡眾」分別出戰。挑選路分都監，和駐泊都監六人，分領六將兵馬，又選指揮使十二人，分棣六將，主持訓練工作，每一指揮營選出二十五名，勇敢壯健士兵，練習弓弩和短兵，熟練之後擔任教頭，一教頭負責數十人，

一指揮五百人。滿額的指揮要分兩期訓練完畢。這年年底訓練工作大抵完成且有大成效，延州守兵成為精兵了。跟著陝西河東諸路，駐兵都根據這樣整頓訓練，文彥博說，這樣做之後，兵知將，將知兵，指揮官對士兵完全了解，少有敗事的。

軍紀趨嚴管理趨善～二死罪，一改善

范仲淹延州被夏兵稱為小范老子（稱知州為老子）說小范老子腹中有數萬甲兵，不比大范老子可欺，軍隊整頓好後軍紀也嚴格起來。

對減剋士兵糧餉的辦事員，仲淹集合事兵當眾處決，理由為士兵生活本即困苦，被減剋之後更加困苦，將何以作戰；對那些冒別人斫到人頭，作為戰功而請賞的人，查核屬實，也辦死罪～奪戎士死戰之功，誤朝廷重賞之意。

西邊用兵陝西糧草都往邊上輸送，鄜延路山路崎嶇，大車不行，只能用小車驢馬搬運，天氣好一個月可來回，下雨下雪搬送的人離家則需四五十日，帶的乾糧吃完了，還要派人補送，延州乾草每束一百七十文，關中百姓秋稅送邊折價只三十文，仲淹以為如此甚傷民力，建議以鄜城縣（今陝西洛川東南）為軍，蓋倉庫營房和官府辦公房屋，規定同州、華州、及河東府所屬地方，送邊糧草都到這裡交納，比送延州減少一半路程，後來鄜延路軍馬也有一部份屯紮於此，百姓也減輕大半

勞苦，修築城寨及搬運糧草士兵每月加支醬菜錢。

衛士增援出狄青

西夏發動戰爭後，皇帝挑選一批衛士前來增援，其中有一位狄青者，原在散直當兵派來當個小軍官，作戰勇敢，常身先士卒，多次負傷，范仲淹好友尹洙任安撫經略司判官，很賞識他的才能向范仲淹及韓琦推薦，說是良將之才，仲淹教他讀春秋及漢書說，「將不知古今，匹夫之勇，不足尚也」。

來到任時值秋天，視察延州後給樞密使晏殊的報告，「金明寨距州城四十里，原寨三十六，兵馬數萬，戰後蕩盡，塞門寨在金明北，被圍百日，沒有敢去救援者，寨破軍民數千一時覆沒」，「延州以北，東西四百里，現只有金明寨在重建，延州守軍兩萬六千，缺乏訓練」，又說「這一帶地方，隨山取路，夾以峻山，夏天暴雨常有土石流，秋冬之際川流曲折，一舍的路程要過度幾十次，山川險峻，道路崎嶇，別處很少見。在這裡帶兵的人，只知向上要兵要糧，兵馬札在城裡，沒有營房，露宿在凜冽寒風中，沒吃沒用要如何打仗？結論：秋霖弗止，禾穗未收，斯民之心，在憂如割，他寫了一首詞～漁家傲塞下秋來風景異，衡陽雁去無留意。四面邊聲連角起，千嶂裏，長煙落日孤城閉。濁酒一杯家萬里，燕然未勒歸無計。羌管悠悠霜滿地，人不寐，將軍白髮征夫淚。

修寨築寨大將種士衡與周美

延州都監周美建議修復金明寨，於是仲淹交任務與周美，接著在延安東北兩百里地方築清澗城，其後便是承平等十幾個寨的修築。

清澗城（今陝西清澗）舊唐時的寬州，現只剩些廢壘，由種士衡負責修築，並對其形勢有所描述，說「右可顧延安之勢，左可致河東之粟，北可圖銀夏之舊」。築此城任務非常艱鉅，因為且戰且城，要爭天爭地還要爭人，沒有水，不能駐兵，鑿井一百五十尺才見石，石工認為打下去也沒有水，種士衡確認為石下必有水，種士衡說打下去，把石打碎，一畚箕一畚箕的挑上來，上來一畚賞百金，石頭打碎了幾層，泉水湧出來了，終於成城。

種士衡被任命為知城事，城四週土地被墾闢，守城士兵且耕且戰，還借給商賈本錢叫他們運進貨物來賣，販賣取利。種士衡非常重視與熟姜稿好關係，常到部落去訪視，有時還解下配帶送給酋豪。後來他調往環州（今陝西環縣）赴任時當地牛家族首領奴訛素來不見官方人物，今特地來郊迎接，對種士衡說，你名氣很大，我特地來接迎，種士衡說第二天將去回訪，牛奴訛半信半疑，當夜大雪積深三尺，約定時間一到，種士衡及時出現在奴訛面前，他驚嘆說，我們世世代代居住在山裡，官方沒人敢來，難道你一點也不懷疑我嗎？種士衡與范仲淹

因此得到西邊少數族的信服。過了四年種士衡又築細腰城，城成而病，慶曆五年（1045年）正月七日病死，范仲淹爲其作墓誌銘[67]。

主要戰況紀實

　　延州解圍之後，五月塞門寨失落，寨主高延德被俘，安遠寨也被佔領，八月來攻金明寨，夏王不得志，九月攻三川寨（今寧夏固原西北），鎮戎軍西路都巡檢使楊保吉戰死。鎮戎軍屬涇原路，楊是中級軍官，后師子，定川堡被圍，戰士死了五千，乾溝，乾河，趙福三堡陷落，涇原路戰情緊張。

　　十一月朝廷派晁宗愨至永興軍議邊事，安撫使夏竦，以爲邊上兵將尚未習練，當以防禦爲主，夏人進攻找機會打，大軍卻不能輕易出，判官田京也認爲不能進兵說，驅不習之軍攖銳鋒，深入賊地爭一日之勝，此兵家所忌，師出必敗。

　　仁宗傾向進兵，年盡時親自下令問夏竦軍期，夏竦提出功守二略，派韓琦及尹洙去汴京請皇帝決定，韓琦主張進兵深入夏地尋找主力與之決戰是上策，於是朝廷決定正月出兵，命令開封府、京東西路、河東路調發五萬頭驢，向陝西運送軍用物質。樞密副使杜衍則主張準備不足不宜。館閣校勘歐陽修以經濟觀點，以爲朝廷應

---

[67] http://ir.ndhu.edu.tw/bitstream/987654321/4479/1/11-121-142.pdf　祭知環州種染院文

注意的是通漕運，盡地利，權商賈，積穀與錢，通其漕運，過一二年國力漸豐，邊兵漸習，然後進兵才可保萬全。

朝廷決定之後，范仲淹則上書皇帝，其所轄之鄜延路城壘兵甲糧草及士馬攻守之計都有準備，請求等天暖之後再出兵，況且此路是西夏入貢所必經之路請求等天暖之後再出兵，藩漢人民常有往來，希望朝廷保存這一路，只令諸將勒兵嚴備，賊至則擊，不要把招納西夏之門關死。

尹洙和范仲淹關係不錯，但對於戰守卻意見不同，來延安說服仲淹出兵花兩個星期，還是勸不動，夏竦也勸仲淹與大家行動一致，范仲淹還是以為守策較妥。

好水川之戰

慶曆元年（1041）二月，夏兵進攻渭州懷遠城（今寧夏固原西）韓琦正巡兵至高平寨（今寧夏固原北），便集結軍隊，並募敢勇一萬八千人，命任福率領出擊夏軍，桑懌為先鋒，朱觀武英為後繼。韓琦教他們合兵西進，繞至敵後，說這一帶有幾座城寨相距四十里，路近易行，糧草充足，不能打便據險設伏，等夏兵回師攔腰打它，但不要違背節制，以免受罰。

任福在張家堡南打了個小勝仗，便有點輕敵，為敵軍拋棄的馬牛橐駝所迷惑，和桑懌緊緊追擊敵軍，薄暮屯兵好水川（今寧夏隆德縣西），朱觀、武英屯龍落川，

隔山相距不過五里，約明日會兵，使夏人片甲不得歸。

　　三天過去了他們還找不到夏兵主力，糧草也漸不足，人馬也乏了，夏軍包圍圈卻越來越小，在籠竿城北（今隆德北）夏軍主力出現了，桑懌戰死，任福身被十餘矢，誓不為曲，力戰而死。朱觀、武英、渭州都監趙津會兵於姚家川，武英趙津戰敗陣亡，朱觀率餘眾一千多人，守民垣，因日暮夏人退兵，才得還師。這一戰役前後不過三日，韓琦尹洙都是范仲淹的知己，此戰之後，還是改變不了他深思熟濾後所做的只能打防禦戰的意見。

奪其地而取其民

　　好水川戰敗之後，朝廷打算撤銷陝西諸路行營，表示要與夏國講和，使夏國自大怠惰，卻密為進擊之計。詔問仲淹士氣的勇怯，說不畏懦則可進兵，乘機建立功勞，仲淹說，任福諸將都很勇敢，打敗仗原因是料敵不當，孫武說，主不可以怒而興兵，將不可以慍而致戰，為今之計，延州這一路來說，加強修築南安一帶的堡寨，對熟戶及弓箭手多做一些工作，使他們安下家立下業，夏兵來得多就守，來得少就打，有機會進擊就進擊，其他各路也一樣選擇可築城寨的要害之地，進而據之，作久守之計，使鄰近藩族認為我們是可依靠的，夏人不得加害，使這些藩族歸附我們，這就是「奪其地而取其民之策」請求朝廷不要做進兵的打算。

元昊求和之路

慶曆元年（1041）正月，元昊派人到涇原路試探求
和之路，又派高延德至保安軍（今陝西志丹）求見范仲
淹，高延德原是塞門寨寨主，塞門陷沒被俘，歸順夏國。
接待延德了解元昊求和之意，於是寫了一封長信請韓周
與延德一齊過去西夏。信中敘述了真宗以來的宋夏關
係，說兩國和好超過三十年，和氛雲和，甲冑塵委，宋
朝本以仁為立國之本，得天下靠它，守天下也靠它，就
在夏國發動戰爭之後，皇帝派他主持邊事也還是叮嚀再
四說莫殺非辜，要盡力做到有征無戰，最後向元昊講了
八條逆順之理，談到宋朝有人跑到夏國去說，宋朝地方
大人才多，有人跑到夏國去一點不奇怪，朝廷對待這些
人絕不處罰，他們的家族依然安居樂業，這些到夏國去
的人應當對夏主盡忠，報答知遇，倘能同心向順，不用
說是不失富貴的，他的家族當然也會受到優待，范仲淹
對元昊求和的心是存懷疑的，到這時也看不到一點歸順
的痕跡，但他對西方的主張守，反對攻，不斷絕和之路。

元昊剛剛好水川勝利，不肯取消皇帝稱號，態度非
常強硬，於是寫了封由他親信野利旺榮屬名的回信和韓
周同時來延安，信中非常傲慢，范仲淹當使臣的面燒了
但錄了一個副本並加以修改，送到了京城，朝廷以為不
然，將韓周削官改監（今湖南道縣）道州稅。范仲淹撤
銷經略安撫副使，降戶部郎中為員外郎，調知耀州，韓

琦好水川敗後也撤銷副使,由樞密直學士降為右司諫調知秦州(今甘肅天水)。新任延州知州是龐籍,他們倆交宜甚深,他任開封府判官時,范仲淹寄詩給他,直節羨君如指佞,孤根憐我異凌霄,後來夏宋議和也是經過這條路由龐籍接引。

降官知耀州

耀州治今陝西耀州,延州之南,東面是華州,西是邠州,南面就是京兆府。降官後表說,自己屢次由於狂率,削職降官,全是己誤,因為邊境不安寧,朝廷使愚使過,才又得有機會報國,決心不恤典憲,忘身忘家作有利國家的事,到任後謝表就對與元昊之間的來往一五一十的細報,重提過去要求留鄜延路不出兵,以便有機會對西夏加以招納,說自己本來不懂軍事,擔負著難以勝任的工作,只不過是因國家之急,不敢不行,到耀州不久就生病,把州事交與通判,到京兆府醫病,他內心不安就請求朝廷撤除龍圖閣直學士之職,去小郡當郡守,遜避清班,少緩有司之責。

朝廷對西夏是戰是和還未定論

由於好水川之敗餘痛未減,主戰派的理論分路並進,兵力分散,指揮力薄弱,物質供給也不少;主張加強守禦,就必須久戍,拖延時日,一切物質從別處運去,久戍則軍情以怠,遠饋則民力將竭,這時朝廷派梁適來陝西研究邊事。

　　范仲淹知耀州未滿兩個月徙知慶州（今甘肅慶陽）兼管勾環慶路部署司事。和梁適議論邊事，提出攻守二策，以爲延州慶州之間，被西夏侵佔土地有一百多里，金湯、白豹、后橋三個寨，地勢最爲重要，應從鄜延、環慶、涇原三路調步兵三萬、騎兵五千加以佔領，出兵之前要宣布，不可以殺投降之人，害老弱婦女；頑抗的要合力殲滅；降服的要厚利安置；逃遁的不追擊；留下來的不遷移；城寨攻下之後要增築加固，留士兵看守；兵力要加倍，愼重挑選守寨軍官，告訴他們，敵人進攻，兵來得多就堅壁清野，力量不大就在險處設伏，待機加以消滅，平居無事，督促士兵營田，佔領一處地方就在那裡築城修寨，營田積穀，徐圖進取，這就是范仲淹的攻策。

　　守策則根據曹操、唐代、趙充國屯田經驗，邊境的城寨都可由弓手和士兵把守，弓手士兵一樣是地方兵，在城寨附近，耕種官田，據畝定課，多餘的糧食由公家收購，耕者樂其收成，公家也得到好處。范仲淹還建議讓營田戍兵移家寨下，如此不但可以免除地方轉輸糧草之苦，還可以使出戍的東兵逐漸調離這個地方，免除戀土之苦，范仲淹稱此攻守二策。「用攻則宜取其近而兵勢不危，用守則必圖其久而民力不匱」。梁適回汴京，託梁帶給宰相呂夷簡一封信，提出宋太祖以來用文之弊，文法錢穀之吏，馳騁於鄰國，以克民進身爲事業，不復有

四方之志，等到和西夏發生戰爭，才感到人才之大大缺乏，他建議鄜延環慶兩路的統帥，一路用文臣，一路用武臣，涇原秦鳳兩路也應當這樣，他表示願把環慶一路讓給武臣，在此之前朝廷已分陝西為四路。

> 韓琦管勾秦鳳路部署司事兼知秦州。
> 王沿管勾涇原路部署司事兼知渭州。
> 范仲淹管勾環慶路部署司事兼知慶州。
> 龐籍管勾鄜延路部署司事兼知延州。

慶曆二年（1042）這四路帥臣被命為觀察使，是武官，比他高一級的是觀察留后，最高的是節度使。文臣的觀察使相當於秘書監，但俸祿高得多，秘書監四十五千，觀察使卻有二百千，仲淹被命的是邠州，他再三辭讓，以為六不可：落內朝之職　則失朝廷之重視，既為外帥則減議論之風采，兩大不可，守邊士卒的生活，一年也吃不到一次肉，苦得很，生了病的不能打仗，走不動路便被丟棄，死了挖個洞掩埋了事，犯罪逃亡抓到了就殺，有時不忍卻又不敢亂法，這種情況存在下去，想要他們為國家出死力，是不可能的。我和他們之間，已經築了一道牆，不知有多厚，已經有一條溝，不知有多深，假如我接受朝廷千金之賜，千鍾之祿，那就更要引起他們之恨。

讓表中說到和羌族關係，說羌族人管叫他龍圖老子，一旦接受了觀察使，在羌族心目中就像他們常常見到的小頭目一樣，他們的小頭目往往叫做觀察使，團練使的，會讓他們瞧不起，這就很不好。王沿讓了五次，龐籍也力辭，只有韓琦接受觀察使的任命而且說，「吾君憂邊，臣子怎能擇官呢」。當時人都以為，是朝廷的厚意，正其名使之總戎，厚其祿使之撫下，最後皇帝同意仲淹辭去觀察使，以龍圖閣直學士擔任邊事，而呂夷簡很不高興。

大順城

慶州東北有個寨子叫馬鋪，柔遠砦在它的西北，金湯、白豹在它的東北和西北，這三寨和馬鋪各相距四十里，深在賊腹的地方，石橋川在這裡流入一條更大的河，人說在馬鋪修城，可以斷絕夏人和明珠、滅藏等族的往來，他們是暗中協助夏國的。范仲淹看中這地方，也料到夏國會來力爭的。純祐十九歲跟著父親來到慶州，在部隊裡擔任職務，有膽有才又細心，范仲淹秘密派他和番將趙明，佔領馬鋪，秘密運去築城材料和器具，然後親自率兵進駐柔遠，宣布要在馬鋪築城，范仲淹至馬鋪慰勞將士，並說敵兵會來要做好應戰準備，馬鋪在十天內築成了，西夏以三萬騎來爭，范仲淹指揮作戰，血戰方酣，夏兵忽然撤退，范仲淹下令勿追。城成，朝廷賜名大順，大順城築成功了，環慶路都監、都巡檢使、柔

遠寨主、和權慶州都監、都進了官受了賞，和清澗城一樣，招募士兵，擔任守城任務，不刺面只刺臂，不訓練時還可以留在家裡耕作，戍守是輪流的，日給糧，人賦田八十畝，能自備馬者益賦給四十。

細腰城築城，營田是范仲淹守策兩件大事，在築城大事件中發現了人才，如清澗城的種士衡，大順城的張去惑，遇事不畏艱苦，築城時開始有夏兵騷擾，人心浮動要求停築，張去惑被派去後，將士一心一意，不分日夜興工，十天就把城修好，後來在寧州（今陝西寧縣）專管築城，依山為險，工料需要多，工程進度大，他措置裕如，連防城戰具都一無所漏，辦得又快又好，范仲淹樞密副使時就推薦他，在京榷貨務的工作。

環州有許多羌族大小部落，熟戶為宋朝統治，首領或封官號或受賞賜，生戶為西夏統治，宋夏戰爭開始後，他們暗暗幫助夏人，大順城築成之後阻斷了與西夏交通的門戶，范仲淹非常重視對羌族的工作，到慶州不久就請求調種士衡過來，因為種士衡與羌族部落非常交心，環州的部落的心唯有種士衡能改變。

宋朝應有的邊備

規定：一、已經和斷了的仇隙不能報違反了要罰；二、傷了人的罰羊一百頭，馬兩匹；殺死人的要處斬刑；三、債務上有爭執可以上告，不能綑綁一般老百姓作為抵押，配合規定的公家給火食。不久種士衡調環州，范

仲淹倚賴他，繼續築細腰、葫蘆諸砦，明珠、滅藏這些
羌人才漸漸的歸順宋朝，管叫范仲淹龍圖老子。

遼國派兵要回關南十縣

慶曆元年底，傳來消息說遼兵準備南下要求歸還關
南十縣，之前秋天時，西夏在麟州（今陝西神木北）、府
州（今陝西府谷）打敗宋朝守兵，麟府東面都是大河，
黃河由上而下一瀉千里，州城因山而固，形勢險要，二
城相距一百四十里，他們北面的豐州八月就被佔領，冬
天開始時，河北二十一個州軍都忙著修城，這是宋朝應
有的邊備，遼國卻利用此時機要求南朝提出領土的問
題。

二年正月，遼國集中兵力在宋朝邊境，派了兩名使
者至宋，說關南十縣是遼國的舊疆，南朝應予歸還；對
宋更提出質問說，西夏早已對遼稱臣，不應不打招呼就
對西夏用兵；接待遼國使者就是富弼，右正言，是個諫
職。遼使和富弼在雄州（今河北雄縣）相見，談得很坦
率，遼國也不避其真正目的，富弼奉命使遼，以禮部員
外郎，樞密直學士出使，富弼不受說，國家有急，惟命
是從，是我的責任，用不著加官進爵。

到了遼國，富弼對遼主說，舊帳很難算，晉高祖把
盧龍一道給了契丹，周世宗從契丹手裡取回關南，這都
是事實，都過去了。宋朝建國已經九十年，倘要恢復舊
疆，對你門也沒有好處，又說，你們打高麗，打黑水，

和南朝打過招呼嗎？沒有，我們不知道你們和元昊的關係，只因他侵犯我國邊境，加以回擊，這一點你們有意見，繼續打下去，勢必影響你我的關係，不打就坐視吏民之死而不救了。易地而處，不知道你們怎麼辦？遼主徐徐說道，元昊侵犯你們邊境，南朝豈有不回擊之理。遼主請富弼出獵，還是不忘初衷，要回關南之地，富弼說，你以得祖宗之地為榮，我們便以失祖宗之地為辱，壇淵之盟以來遼宋成為兄弟之國已經很久了，難道可以教這樣的兩個國家一榮一辱麼？這年秋天，宋增加歲幣捐十萬匹，銀十萬兩而繼續和好，西夏對遼國則有怨言。

西賊聞之驚破膽

慶曆二年秋尾冬初，元昊又進攻從涇原路的鎮戎軍（今寧夏固原）開始，元昊親自率兵採誘敵深入，聚而殲之的策略，涇原路副都部署葛懷敏的軍隊被吸引至定川砦（固原西北），被重重包圍，懷敏和稗將曹英等十六人戰死，損失士卒九千多，馬匹六百多。夏人乘勝而下，過了渭州（今甘肅平涼），直到潘原（今平涼東）離涇州（今甘肅涇川）已經很近了，在縱橫六七百里的地方，焚蕩廬舍，殺掠居民，揚言要打到長安去。

涇州守臣滕宗亮，和仲淹同年進士，很能幹，天塌下來神色不變，仲淹信得過，涇州守兵不多，宗亮把農民請入寨內擔任防守，還用金帛招募敢死之士，打到敵人中去，偵查他們的舉動，提供確切情報，仲淹從慶州

軍援涇原，打算在西夏回兵時加以邀擊，但夏兵迅速退去，仲淹於是移師關輔，顯耀一下兵力。定川砦戰敗消息傳到京師，宰相呂夷簡慨嘆，一戰不如一戰，第一戰敗於三川口，第二戰敗於好水川，定川砦是第三戰。涇原路軍政長官王沿，因定川砦之敗降知虢州（今河南靈寶）皇帝稱讚范仲淹的才幹，加官進爵，樞密直學士，右諫議大夫，范仲淹上表辭讓。

十月，王堯臣任命為涇原安撫使，在這之前曾來陝西了解邊境，到任之後向范仲淹請教，他們兩人看法相同，說陝西沿邊兩千多里，州軍城寨都要駐兵，這是沒辦法的，西夏進攻往往集中兵力，全軍而來，我們就需以寡擊眾，這就需要指揮得人，將士用命，以奇制勝，不能與夏人大決勝負，只能找空子打，教他們進攻所得不多不能全勝，用人方面要大力提拔，從使臣軍員中物色有謀有勇的人，不必計較資歷，放手任用。

十一月，皇帝調整陝西四路職務，滕宗諒環慶路都部署兼知慶州，文彥博秦鳳路都部署兼知秦州。文彥博此時不過三十幾歲後來出將入相，凡五十年。張亢知渭州，任涇原路都部署，有豐富的軍事經驗，擔任過鎮戎軍通判。鄜延路龐籍留任。與韓琦范仲淹分領陝西四路都部署，經略安撫沿邊招討使，韓琦范仲淹同駐涇州四路都部署司便設在這裡，統一各路指揮，軍事上來不及請示報告的，可以便宜從事，這一點文彥博已向皇帝報

告並取得核准，范仲淹等人將可減除由於朝廷遙控產生的軍事損失。

密築城與和羌族

范仲淹非常重視對羌族的照顧工作，在鄜延修築清澗，在環慶修築大順城，都是范仲淹親自抓選的，後來鄜延築了橋子谷砦，涇原築細腰、胡蘆，都是為了羌族而修築的。涇原路原州（今甘肅鎮原）羌族明珠、滅藏、康奴三個部落，有兵數萬，力量最大最強盛。涇原路原想用兵壓鎮，范仲淹反對說，這樣一來他們就要投入西夏懷抱了，南入原州，西擾鎮戎，東侵環州（今甘肅環縣），這樣邊境就不能安靜了。他提出趁西夏不備，全力攻佔細腰胡蘆，斷絕夏人和三部來往，他招募熟戶做弓箭手，分給土地，盡可能給他們富足，使他們和漢人合作，這些弓箭手後來成為勁旅，勝過東兵～禁兵。

范仲淹韓琦同駐涇州，提拔很多人，雷簡夫、姚嗣宗、馬懷德、張信，有文有武，不論行政或軍事，陝西都感人才不足，范仲淹主張擇選將校，將校得人，士卒才能增氣，撤換老弱全不得力的，從下級軍官挑選吃得苦的，有武勇心力的人，即使曾有過犯也要加以任用，他們請求朝廷派京官來邊境擔任縣長，縣令不但為邊境造福，使他們得到鍛鍊，要用人時也不乏人臣了。

記功受賞他們以為大事，建議朝廷重定戰功賞格，在上報編上得力材武將佐等第姓名時，狄青種士衡都列

在第一等，對狄青評語是「有肚量，勇果能識機變」，對士衡評語是「足機略，善撫御，得藩漢人情」，第一等共四人。第二等十一人，周美排名第一，少數能打勝仗者之一，善於做羌族居民的工作，招種落內附者十一族，考語爲「諳練邊情及有武勇」。第二等中還有一位安俊，被羌族稱爲安大保。

韓琦范仲淹同心協力主持軍事，計畫出橫山，收復靈州（今寧夏寧武西南），和夏州（今陝西靖邊），邊上人唱道，「軍中有一韓，西賊聞之心骨寒，軍中有一范，西夏聞之驚破膽。」

西夏來和詳情

元昊正式求和～慶曆三年（1043）正月，四月邵良佐爲使前往西夏，七月回國，慶曆四年（1044）五月元昊稱臣，自號夏國主。從寶元元年（1038）元昊稱大夏皇帝，改都城興州（今寧夏銀川市）爲興慶府開始。經康定元年（1040.1.）夏兵圍延州，取得勝利，之後連續幾年都有斬獲，但是物力消耗也大，戰場所得不償所失，人心厭戰，元昊想乘著戰勝有利條件，試探和平，以取得更多的金帛物質，前後六年。另方面遼國與宋重歸言好，向夏國表示，希望夏宋和好，於是元昊於慶曆三年（1043）正月派賀從勖帶著國書來延安求和，書中稱宋朝皇帝爲父，自稱爲子，稱宋爲東朝，自稱西朝。鄜延路軍政長官龐籍接待來使說，來書不用宋正朔，又不稱

臣，我不敢向朝廷報告。賀從勗希望前往汴京正式請和，假使皇帝一定樣我們稱臣，再回去商議。

朝廷這時候也想和，密知龐籍，只要元昊願意稱臣，僭號也無害，於是龐籍說：宋夏久不通市，飲無茶，衣無帛，求和是有誠意的。仲淹和韓琦都以爲，不改僭號就不能和，假如卑詞厚禮，改稱兀卒（西夏國內漢語爲天子），邊備也不能懈怠，要防止重來。

四月皇帝派邵良佐帶了和議條件去夏國，答應封元昊爲夏國主，在保安軍和高平砦設立榷場，進行貿易，歲賜絹十萬匹，茶三萬斤。

三月夷簡罷相，富弼被任命爲樞密副使，歐陽修長知諫院和御史台合稱台諫，不久韓琦，范仲淹也一同被任命爲樞密副使，爲此韓范一齊辭讓五次以爲不可，理由有來邊境已經四年，對邊境熟悉，一切都案已定計畫進行，選拔得力將佐，加緊修築城砦，訓練兵馬，完備器械，打算再過三兩年，討服橫山一帶居住羌民部落，消除邊境禍害。馬上離開新人進來又要一陣子熟悉，人心不安定，假如敵人乘機而來，便易得計，此其一。西人請和，宋夏四十年和平一旦被破壞，值得深思，夏人求和，情僞未知，道路傳聞又再調集兵力，很可擔心，假如西夏以求和爲名，另爲凶計，我們一旦離去，下人或有侵軼，害及生靈使朝廷重憂，此其二。宋夏議和進行中，韓范還是被調入朝廷。

　　杜衍樞密使，原任夏竦回知蔡州（今河南汝南），新任相執爲章得象，晏殊，賈昌朝爲參知政事，諫官還有蔡襄（宋代最著名書法家），王素（北宋名臣王旦最小兒子），余靖（仲淹被貶饒州時，對皇帝說不應把敢於講話的人加以放逐）。

　　七月，邵良佐從西夏回，帶回和議條件，西夏願稱男不稱臣，韓琦認爲應收回塞門寨和豐州爲條件，范仲淹以爲這些地方原屬孰戶，被佔後孰戶皆已遷走，地如空隙，中國利害不系於此。范仲淹對皇帝說，劉邦李世民都曾屈事戎狄，等國力強盛，將帥有人，才向匈奴突厥發動攻擊，以雪天下之恥。又說宋太宗時，北陷易州，西失靈夏，與契丹西夏議和時都略而不言。范仲淹說名體已順，便可言和，然後重新研究邊防，減糧草讓老百姓努力耕作，選練將士，使國富民強以待四夷之變，不和戎狄爭是非決勝負，以耗兆民而危天下。

　　慶曆四年（1044）五月元昊稱臣，自號夏國主。

參知政事進行改革　入相

（1043.8.～1045.1.）

　　1043 年八月，范就任參知政事，富弼爲樞密副使，韓琦代范仲淹宣撫陝西。

　　九月，仁宗開天章閣，詔命條對時政，范上十事疏。

呂夷簡以太尉致仕。

十月，上從范、富之薦，用張溫之爲河北都轉運使。王素爲淮南都轉運使‧孫邈爲京東都轉運使。

時，宋面臨內憂外患，沂州王倫兵變，轉戰東、淮南：張海。郭邈山相繼起義於西、陝西，波及十餘州，旋被宋廷鎮壓。

組織佈達

爲了新政宋仁宗於慶曆三年（1043）三月發布人事命令。

宰相：章得象、晏殊。

參知政事：賈昌朝。

樞密使：杜衍。

樞密副使：富弼、韓琦、范仲淹。

諫院：歐陽修。

諫官：蔡襄、王素、余靖。

前言

宋太祖以來就把重兵駐紮在京城及鄰近地區，造成內重外輕之勢。汴京糧食需要量甚大，每年從江蘇、浙江、安徽、江西、湖南、湖北這些地方運送糧食數量達到六百萬石，朝廷專門設立一個漕運機構，漕江南六路糧食兼掌茶鹽泉貨，由發運使主持。

但自明道以來往往不滿六百萬石之數，飢民搶糧之事已經發生，范仲淹任樞密副使向朝廷推薦許元，說這人有知識明事理，是理財能手，不做侵刻之事，能關心

老百姓疾苦，可以擔任江淮兩浙荊湖制置發運司的判官。許元是一位理財專家，西方用兵他被薦主持在京榷貨物變輸粟入邊給錢的辦法，給南鹽很受邊境歡迎，范仲淹推薦他負責漕運說，六路七十二州的糧食還不能滿足京師的要求我不信，到任後下令沿江州縣儲糧一律留足三個月，多餘的全部北運，其他地方依路途遠近，以次相補，一千多艘糧船，迤邐相屬，浮江入運河，折而西向，不久汴京糧食荒解決了。許元從此負責漕運工作，由判官至發運副使，發運使，前後十三年。從江南漕至京師的糧食年年必滿六百萬石，有一百萬石儲蓄以備不時之需。

慶曆三年（1043）八月，范就任參知政事，在此二府之際，范仲淹常與皇帝談論人材的重要，以爲「得人則治，失人則亂」。

推薦人才

宋朝的館閣是培養人才的機制，培養高級官員的地方，宋朝館閣大率清貧，經常在館閣供職的不多，范仲淹建議改變，並提十人名單，杜杞、章岷、尹源、張揀、王益柔、呂士昌、蘇舜欽、楚建中、姚嗣宗、孫復等。有文辭雅遠，有經術精通，請求任之以館職，對這些人生活要加以照顧，讓他們潛心鑽研學問，以爲人才培養之最佳辦法。范仲淹說太宗皇帝，以唐太宗爲榜樣，特建秘閣，地位一如三館，聽朝之餘，時或遊幸此祖宗盛

事，不爲不重，這回推薦十人都是士大夫中很有名的，邊境還有問題，朝廷要千方百計網羅人才，俊哲所聚，雖危必安，朝廷對這些人要認眞選用。

　　杜杞祖父叫杜鎬，爲著名館閣人物，住的地方只能避風雨，他一住就廿年，不謀徙，京西民變起（慶曆年四月），影響多州、商、鄧、均、房、光化軍等。范仲淹正爲執政，便派杜杞爲京西轉運按察使，杜杞學通古今，京西民變很快就平定下來。張揆做知縣時把里胥擺一邊，直接管理租賦，老百姓自動把租賦送到衙門來，碰到旱災就自動請求免除災區租賦，知成德軍（今河北正定）時，宦官閻士良過度干預帥權，他報告皇帝，提出彈劾，哥哥張揆自幼與范仲淹熟識，父親張蘊則爲范仲淹所敬重。

　　王益柔字勝之，他在邊境所提備邊選將對策與范仲淹同，推薦前並未認識，是一位對歷史有研究的學者，司馬光說他是唯一全部讀完資治通鑑者。楚建中曾主管過鄜延路的機宜文字，是有膽識能人，宋夏議和之後，仍主張要築安定黑水八堡控制西夏來襲。范仲淹在睦州時章岷做州從事，范仲淹官陝西章岷又被推薦前來。蘇舜欽以范仲淹之薦授集賢校理，監進奏院，寫信給范仲淹說，朝廷正多事之秋，對范仲淹執政後不敢有所做爲表示不滿，提出七個方面的意見，慶曆新政的內容與他所言頗爲吻合。姚嗣宗是范仲淹在陝西發掘出來的人

才。孫復就是范仲淹在南都丁憂時資助過的孫秀才,一位春秋學專家。范仲淹入中書請朝廷對有清望官推薦的王益柔,章岷、蘇舜欽,先令學士院考他們的文論,了解他們的才識,不要考無補大猷的詩賦。

王倫起義

慶曆三年五月王倫在沂州(今山東臨沂) 起義,參加者都是士兵及飢民,隊伍先向青州,後復南下經過楚州、泗州、眞州、揚州,轉戰數千里如入無人之境,最後在和州(今安徽含山東北)被擊潰。王倫經過的地方,州縣長吏,不是逃奔便是投降,送禮請客不用說,甚至把兵甲當禮物的。

起義被鎮壓了,這些守土有責的州縣官也該辦罪了,樞密副使富弼主張嚴辦,范仲淹說平日諱言武備,江淮郡縣不像邊境上那麼堅固,要求那些長吏守土無失,不合情理。當時知高郵軍的晁仲約,起義軍來時要求富民出金帛生酒,迎接起義軍,富弼提議要辦其死罪,范仲淹說高郵既無兵又無械,知軍雖守土有責但事有可恕。富弼很生氣說現在要推行法治,你卻佛心來著,范仲淹平靜氣的說,皇帝正盛年,我們不可引導他輕易殺人,祖宗以來還不曾輕易殺一臣僚呢。

張海郭邈山之亂

慶曆三年九月,張海郭邈山之亂在四川、陝西、湖北三省交界起義並進攻金州(今陝西安康),張海一路到

鄧州時不過六十人，有馬有弓弩，郭邈山在商山叢林中結聚已十年，他們合起來不過兩百人。義軍行軍一日一二百里，馬乏了便遺棄，奪民間馬補充。張海入金州是知府王茂先放進去的，城內軍資甲丈全由張海揀取；到鄧州順陽縣，縣令李正已敲鑼打鼓把義軍迎入城內，大擺酒食，住宿在縣衙門內，要甚麼給甚麼。這支義軍在京西幾千里地方轉來轉去，官吏做鳥獸散，士民荼炭以致江淮州縣無不震驚。

范仲淹建議皇帝招募吃得起苦的勇壯和曾當過兵的合格士兵選精幹帶領，發給盤纏錢和棉衣，大幅度提高每月補貼，甚至柴薪鹽醋也由公家支付，使彼不憂飢寒的鎮壓義軍，忘身效死並嚴肅軍紀，逃兵確鑿有據，動搖軍心確鑿有據，要辦死罪，如此兵才能打仗，才能打勝仗。當義軍到達荊門軍（今湖北荊門）時范仲淹提議三千兵員，從開封出發，分三梯次，如賊已消失則兵屯荊南府（今湖北江凌） 和潭州（今湖北長沙），以震遠方。

京東京西兩路士民飢民聯合起義，把北宋吏治腐敗無能暴露得很徹底，富弼、歐陽修及很多有識之士大夫都建議皇上乞擇守令，如此態勢給范仲淹新政的選擇州縣長吏開始。

天章閣十事疏

慶曆三年九月，仁宗開天章閣，詔命條對時政，范上十事疏。

天章閣是眞宗所建，內有存眞宗文集，手跡，設待制，侍講，後來又設學士，直學士，仁宗在此延見大臣范仲淹及富弼爲首次，備紙筆以爲國事提針貶之法。

范仲淹條陳十事疏時，朝廷大臣如王堯臣、歐陽修、余靖、蔡襄也都認同。一曰明黜陟，重定文武百官磨勘，以約濫進責實效，使天下政事無不舉也；二曰抑僥倖，重定文武百官奏蔭，及不得陳乞館閣職事，以革濫賞，省冗官也；三曰精貢舉，爲天下舉人，先取履行，次取藝業，將以正教化之本，育卿士之才也；四曰擇長官，爲舉轉運使，提點刑獄，並州縣長吏，將以正綱紀，去疾苦救生民也；五曰均公田，爲天下官吏不廉則曲法，曲法則害民，請更賜均給公田，既使豐足，然後可責士大夫之廉節，庶天下政平，百姓受賜也；六曰厚農桑，爲責諸道溝河並修江南圩田及諸路陂塘仍行勸課之法，將以救水患豐稼穡，強國力也；七曰修武備，爲四方無事京師少備，因循過日天下可憂，請密定精制，相時而行，以衛宗社，以寧邦國也；八曰減徭役，爲天下徭役至繁，請依漢武故事併合縣邑以減徭役，庶寬民力也；九曰覃恩信，爲赦書內宣布恩澤，未嘗施行，並請放先朝欠員，以感天下之心也；十曰重命令，爲制書忽而行，

違者請重其法，以行天子之命也，慶曆三年至四年這十項由朝廷頒布施行。

擇長官最先行

由二府選用諸路轉運使，提點刑獄及大州的知州；由兩制（翰林學士起草皇帝詔令稱內制，他官加知制誥官銜起草皇帝詔令稱外制），御史台，開封府，諸路監司選用知州、通判；知州、通判選用知縣、縣令。范仲淹認為縣令郡守為親民之官，關係民生疾苦，最要選擇得當。現況是只問資歷，不分賢愚，資歷到了就可以做知州知縣，懦弱無能的人，不能檢查他的下屬，使貪贓枉殺之吏為所欲為；有本事的，能幹的也只是求名，不做好事，以致天下賦稅不均，獄訟不平，水旱不得救，盜賊不得除。

慶曆三年十月張溫之被任命為河北都轉運按察使，王素為淮南，沈邈為京東。

范仲淹深信賢者在位，能者在政，能醫國救民，范仲淹檢查全國監司的名單，把不稱職的轉運使，提點刑獄一一勾掉，打算逐一撤換，樞密使富弼不同意說，你勾得容易，可被勾的一家人都要哭了，范仲淹說，一家哭總比一路哭好啊！

勘磨及任子制度

文官三年一遷，武官五年一遷，不限內外，不問勞逸，好好壞壞都一樣，做事的人興利除弊，往往被看做

生事、阻饒、妒忌、非笑即隨之而來，一有差錯便被擠
陷；不做事，尸位素餐，即使能力極差，人望極次，甚
至爲人所不齒，照例年限一到升官進秩，坐至卿監丞郎。
范仲淹以爲不妥，他說祖宗盛日，文武百官都沒有勘磨，
有功就賞，不計年資，可以不次升擢，沒有能力無所稱
者，至老不遷，官人以資，必使傭人並進，無功授官，
無名進秩，勘磨之制乃是弊制。

　　慶曆三年十月，皇帝命令中書樞密院新定勘磨之
制，十一月也對蔭補做了修改。官員子孫以恩蔭得官，
叫做任子，這是古制，宋朝到了極致。台省官六品以上，
其他官五品以上，每三年南郊大禮都有一次任子機會，
品級最低者任子或孫一人，最高的可蔭六人，此外還有
致仕恩澤，遺表恩澤，退休或死亡都可爲子孫求得官職，
范仲淹建議正郎以下和監司須在職滿兩年才得任子，如
若不然，學士以上官員廿年當中便會出現一門子弟，二
十幾個京官局面。

　　慶曆四年春天，曾公亮被任爲珊定審官院，三班院，
及吏部流內銓的條貫。這些衙門當時由銓選文武官員的
審官院管京朝官，三班院管武官，流內銓管幕職州縣官，
文武官員的任用八十幾年來有變化多次，條例又多又
亂，主持的官員都弄不清楚，因此建請派得力官員就這
三個衙門前後所發布條例與各單位主管，共同研審珊
定，報請皇帝劃一執行。

茶鹽專賣范仲淹很不贊成，以為這些山海之利本為養萬民的，近古以來，官與民爭利，朝廷禁止私人販賣茶鹽，一被查獲不是流徙便是絞配，犯罪者每年成千上萬，國家管理費用，運輸人力財力已極可觀，還要擾民，范仲淹請求詔天下茶鹽之法，盡使行商，以去苛刻之刑，以息運置之勞以取長久之利。

州縣立學

學校很早就有，夏校，殷庠，周序，秦漢首都太學，西晉以來有國子學。學校目地在於培養人才，任用有能力的人是范仲淹參與國政以來第一要務，十七年前晏殊在應天府興學聘請范仲淹為教授，知蘇州時建請設郡學請來胡爰講授，曾主持國子監招七品以上官員子弟入學讀書，謫居饒州潤洲越州時請李覯來越講學。范仲淹屢述請興學，皇上也辦了一次討論會，近伺之臣，包括宋祈、歐陽修、王拱辰、張方平。討論結果一致支持，於是由張方平寫紀錄如下，「教不本於學校，士不察於鄉里，則不能覆名實，有司束以聲病，學者專于記誦，則不足盡人才，謹參考眾說，擇其便於今者，莫若使士皆土著，而教之學於校，然後州縣觀其履行，學者皆自修飾矣」。不久朝廷即明令州縣立學，詔書中強調儒者應當通天地人之理，明古今治亂之源，士有純明樸茂之美，而無教學養成之法，是不行的，地方辦學可以在所屬官員中選用教授，不足之數可由鄉里宿學有道業的人充

當。學生要在學三百天才能參與秋試,曾經參加過考試者,可以減學一百天,考試三場,第一二場策論,第三場考詩賦。取消從前的貼經(以紙貼上經文由學生背誦)墨義(背誦經文的注疏)。

減繇役以河南府爲例,唐會昌(841～846)中和當日戶口對比,會昌時河南府有戶 194,700 餘,置縣廿,今河南主戶客戶共 75900 餘戶,置縣十九。鞏縣 700 戶,偃師 1100 戶,每縣三等可以服役的不過一百家,供役人不下二百,不是鰥寡孤獨便不能無役,這個地方最爲貧困,范仲淹建議併省十九縣爲十縣,所廢的縣改爲鎮。

輔臣兼判

范仲淹還建議輔臣兼判六部和太常、大理寺、群牧、殿前馬步軍司的事。他舉歷史爲證,周三公兼六官(天地春夏秋冬)之職,漢三公分部六卿之事,唐宰相分判六曹,還列舉了太宗、中宗、代宗、德宗、文宗、武宗時宰相的兼職,又說太祖開寶時薛居政、沈義倫也曾兼領發運使的工作,他以爲現在中書樞密院,不像三公那樣肩負著論道重責,又不如六卿那樣有佐王之職責,只是按照資歷任用官吏決定他們的升任,檢用條貫論賞議罰不合乎爲治之道,范仲淹毛遂自薦兼領兵賦,如於事無補請先降黜。

慶曆四年五月,詔令省河南府縣潁陽、壽安、偃師、糅氏、河清五縣爲鎮,八月命范仲淹兼領刑法,另一位

參知政事賈昌朝兼領天下農田。宰相章得象明示不贊成，得象肚量大，當日甚有名，范仲淹、韓琦、富弼進用經劃當世急務，只有他沒什建議，也少有可否。

慶曆新政結局

「奏邸之獄」[68]發生時，蘇舜欽岳父杜衍任同平章事、集賢殿大學士兼樞密使。他喜歡舉薦賢士，抑制佞幸之徒，因而多得罪於人。王益柔是被杜衍推薦給范仲淹的，杜衍因此遭到攻訐。

慶曆五年（1045年）正月，杜衍擔任宰相一百二十天後，最終罷相，離京出任尚書左丞、知兗州。

慶曆五年（1045年）正月二十八日，范仲淹被罷去參知政事，知邠州、兼陝西四路緣邊安撫使。同一天，富弼亦被罷去樞密副使，改任京東西路安撫使、知鄆州。

慶曆五年二月初四，罷磨勘新法、任子新法。三月初五，韓琦罷樞密副使，加資政殿學士，知揚州。至此，主持變法改革的主要人物，全被逐出朝廷。

慶曆五年三月二十三日，廢除科舉新法，恢復舊制。八月二十一日，歐陽修罷河北都轉運使，改知滁州。至此，慶曆新政徹底失敗[69]。

68　https://twgreatdaily.com/zh～mo/ujRN5HEBiuFnsJQVooBd.htm
　　奏邸之獄
69　https://twgreatdaily.com/zh-mo/ujRN5HEBiuFnsJQVooBd.html

為官政績

廣德興學

范仲淹在大中祥符八年（1015），27 歲，考上進士，即被派任廣德軍司理參軍。立即興學，效果很大，根據宋代汪藻《廣德軍范文正公祠堂記》載：初，廣德人未知學，公請三位名士執教，於是廣德學風日盛，郡人擢第者相繼。

蘇州洽水[70]

蘇州地理沿革，蘇州開拓古代是吳國的疆土。吳王闔閭於西元前 514 年，丞相伍子胥請求，在其地興建都城，周圍四十七里，開闢水陸各八門。秦時屬會稽郡，東漢始置吳郡，從會稽分出，有錢塘江以西之地，兩晉、南朝郡名相沿不改，至隋代始更稱蘇州。唐時蘇州領有吳、長洲、嘉興、昆山、常熟、海鹽、華亭七縣。宋初蘇州屬江南道，太宗太平興國三年（978）改隸兩浙路，領吳、長洲、昆山、吳江、常熟五縣，范仲淹臨政時情況如此。徽宗政和三年（1113）升蘇州為平江府，到南宋甯宗嘉定十年（1217）分昆山之地置嘉定縣，蘇州自始領六縣，迄於元代無改。

自唐代起，蘇州郡治吳、長洲兩縣，宋元時代依然。

---

[70] http://www.zgfanzhongyan.net/fan/news/research/23

唐時蘇州疆域東西四百三十九里，南北三百三十里，宋元時只有東西三百三十五里，南北三百里，較諸唐代縮減不少。

　　蘇州的地理環境西接太湖，東臨大海，東北瀕揚子江，東、北、西三面地勢略高，中間低窪，湖蕩散佈，塘浦縱橫，號稱澤國。週邊的高地，從東北面起，昆山、常熟兩縣頻連江海之地，由東南向西北延伸。常熟之南，東為長洲縣，西為吳縣。吳縣之西面，自北而南，山巒起伏，拱繞太湖，如虎丘山、姑蘇山、華山、天平山、黃山等。高地環繞的低窪地區，是湖泊淤積的平原，水源充沛，阡陌縱橫，最大的源泉來自太湖。太湖之水，古代經由三江入海，但到北宋時，只有松江（又稱吳淞）一江。松江源自太湖東南隅，東南流經吳江縣，至華亭縣青龍鎮入海。平原之上，湖泊星羅棋佈，其大者如澱山湖、練湖、陽城湖、巴湖、昆湖等。湖外又有蕩、滾、淹等潴水之處，而其間有江、河、溪、塘、浦、涇、港等自然或人工水道相連，縱橫交錯，不可勝數。這些湖澤水道都與太湖貫通，有宣洩的功用，而東、北兩面雖然地勢較高，亦有塘浦貫穿網絡入海。蘇州這樣特殊的地形，一方面容易發生水災，但另一方面提供優良的稻作農業環境，造成富庶繁榮的基礎。

　　根據明人張國維（159～646）所編《吳中水利全書》卷十「水治」條，五河應指茜涇、下張、七鴉、許浦、

白茆大浦涇（同治重修《蘇州府志》卷九「水利」一所記略異），而工程一共用錢米十八萬三千五百貫石云云。從上面的記載，除卻開浚五河，范仲淹還看準介於華亭、昆山兩縣間的盤龍匯，準備浚治，不過未有興作，諒因已奉調回京。

親自治水

范仲淹在蘇州任內治水的經過，他本人在景祐二年初，當水患告一段落之時，曾上書呂夷簡宰相作詳細報告即《上呂相公並呈中丞諮目》。這是一篇研究范氏水利經畫及蘇州治水的重要文獻，後代水利書及地方誌略多有收存，爰鈔錄於後：某諮目再拜，上僕射相公：伏蒙回賜鈞翰，又訪以疏導積水之事，何巖廊之上而意及畎畝，是伊尹恥一物不獲之心也。天下幸甚。

上呂相公並呈中丞諮目

某連蹇之人，常欲省事，及觀民患，不忍自安。去年姑蘇之水，逾秋不退，計司議之於上窮俗語之於下。某爲民之長，豈敢曲沮焉。然初未甚曉，惑於群說，及按而視之，究而思之，則了然可照，今得一二以陳焉。願垂鈞造，審而勿倦，則浮議自破，斯民之福也。

姑蘇四郊略平，窊而爲湖者十之二三，西南之澤尤大，謂之本湖，納數郡之水。湖東一派弧，浚入於河，謂之松江。積雨之時，湖溢而江壅，橫沒諸邑。雖北壓揚子江、而東抵巨浸，河渠至多，湮塞已久，莫能分其

勢矣。惟松江退落，浸流始下，或一歲大水，久而未耗，來年暑雨，複爲診焉。人必薦饑，可不經畫？今疏導者，不惟使東南入於松江，又使西北入於揚子之與海也，其利在此。夫水之爲物，蓄而停之，何爲而不害？決而流之，何爲而不利？

或曰：江水已高，不納此流。某謂不然。江海所以爲百谷王者，以其善下之，豈獨不下於此邪？江流或高，則必滔滔旁來，豈複姑蘇之有乎？矧今開畎之處，下流不息，亦明驗矣。

或曰：日有潮來，水安得下？某謂不然。大江長淮，無不潮也。來之時刻少，而退之時刻多，故大江長淮，會天下之水，畢能歸於海也。

或曰：沙因潮至，數年複塞，豈人力之可支？某謂不然。新導之河，必設諸閘，常時局之，禦其來潮，沙不能塞也。每春理其閘外，減數倍矣。旱歲亦局之，駐水溉田，可救蟆涸之災；潦歲則啓之，疏積水之患。

或謂開畎之役，重勞民力。某謂不然。東南之田，所植惟稻，大水一至，秋無他望。災診之後，必有疾疫乘其羸，十不救一，謂之天災，實由饑耳。如能使民以時，導達溝瀆，保其稼穡，俾百姓不饑而死，曷爲其勞哉？民勤而生，不亦愈于惰而死者乎！

或謂力役之際，大費軍食。某謂不然。姑蘇歲納苗米三十四萬斛，官私之糴，又不下數百萬斛。去秋蠲放

者三十萬，官私之糴無複有焉。如豐穰之歲，春役萬人，人食三升，一月而罷，用米九千石耳。荒歉之歲，日以五升，召民爲役，因而賑濟，一月而罷，用米萬五千石耳。量此之出，較彼之入，孰爲費軍食哉！

或謂陂澤之田，動成渺瀰，導川而無益也。某謂不然。吳中之田，非水不殖，減之使淺，則可播種，非必決而涸之，然後爲功也。昨開五河，泄去積水，今歲平和，秋望七八；積而未去者，猶有二三，未能播殖。複請增理數道，以分其流，使不停壅，縱遇大水，其去必速，而無來歲之患矣。又松江一曲，號曰盤龍港，父老傳云畎澮之事，出水尤利，如總數道而開之，災必大減。蘇、秀間有秋之半，利已大矣。

畎澮之事，職在郡縣，不時開導，刺史、縣令之職也。然今之世，有所興作，橫議先至，非朝廷主之，則無功而有毀。守土之人，恐無建事之意矣。蘇、常、湖、秀，膏腴千里，國之倉庾也。浙漕之任，及數郡之守，宜擇精心盡力之吏，不可以尋常資格而授，恐功利不至，重爲朝廷之憂，且失東南之利也。

某已具此聞於相府，仰惟中丞有憂天下之心，爲亦留意於此焉。干冒威重，卑情不任惶懼之至。

太湖平原[71]古代河網和築堤圍成的農田。太湖平原

---

71 https://www.59baike.com/a/161390-47 （太湖塘浦圩田）

中部地勢低窪多澇，沿海地形稍高易旱。春秋戰國時期已開河浦排水、灌溉和通航，並圍墾淺沼地區耕種。秦、漢、六朝至隋、唐進一步發展。唐廣德元年（763）在浙西設置 3 個屯區，其中嘉興屯區自太湖邊至東南沿海，曲折「千有餘里」，屯區內開有各級大小溝洫，溝上築有堤岸。唐後期太湖平原已初步形成了塘浦圩田系統，五代吳越時進一步完善。北宋郟亶《水利書》載有太湖塘浦 260 多條，大致按「五里七里而為一縱浦，七里十里而為一橫塘」佈置，縱橫塘浦間構成「圩田之象」。南宋大量圍湖為田，淳熙十年（1183）統計太湖平原共有圍田 1489 所。因過度圍墾，水旱災害增多。由於太湖地區經濟地位的重要，宋代重視疏浚港浦治理圩田。元、明、清時期圍田仍續有發展，浚河治圩工程更加頻繁。

蘇州治水

景佑元年（1034 年），范仲淹再次將精力投入了治水一事。此時，他 45 歲，任蘇州知州。

因太湖平原地勢低窪，河港錯落，潮汐漲落帶來大量泥沙，一到汛期便會沖毀堤壩。「淪稼穡，壞室廬。」「觀民患，不忍自安。」范仲淹又看不過去了。

他以工代賑，每日給糧五升，聚集災民疏通白茆塘、福山港、黃泗浦、許浦、奚浦等吳淞江的支流，引其入海，並在這些支流入海、入江之處設置水閘。如此一來，太湖周圍的人在遇到洪澇時可以宣洩洪水，遇到大旱時

還可以引水灌溉，海潮侵襲時的泥沙淤積問題也得以解決。

公使錢

公使錢[72]，又稱公用錢，宋各路、州、軍及刺史以上的特別費用，相當於現在的招待費用。

宋朝官僚機構除正常經費外，另給公使錢，用爲宴請及餽送過往官員費用，錢的數目則視官品之高下而定。公使錢依「舊制，刺史以上所賜公使錢得私入，而用和悉用爲軍費。」，「方鎭別賜公使錢，例私以自奉，去則盡入其餘，經獨斥歸有司，唯以供享勞賓客軍師之用」。至南宋時，官吏宴飲餽遺之風日盛，各官署「廣收遺利」以補公使錢之不足，時人記：公使錢「正賜錢不多，而著令許收遺利，以此州郡得以自恣。若帥憲等司，則又有撫養、備邊等庫，開抵當、賣熟藥，無所不爲，其實以助公使耳。公使苞苴，在東南而爲尤甚。揚州一郡每歲餽遺見於帳籍者至十二萬緡」。節度使兼使相公用錢可高達二萬貫，而且上不封頂，「用盡續給，不限年月」。後來公使錢來源由官府徵收，成爲變相捐稅，是一種「陋規」。

慶曆三年（1043 年），邊臣張亢爲「過公用錢」遭

---

72 https://zh.wikipedia.org/wiki/%E5%85%AC%E4%BD%BF%E9%8C%A2

到調查，牽連到狄青，歐陽修上《論乞不勘狄青侵公用錢札》為狄青開脫。慶曆四年（1044年），環慶路都部署兼知慶州滕宗諒因任意使用「公使錢」，結果被彈劾，謫守巴陵郡，在岳州重修岳陽樓，後來他的朋友范仲淹寫有《岳陽樓記》。南宋朱熹在《按唐仲友第三狀》控告唐仲友利用官錢雕印《小字賦集》等書，其中送人200餘部，400部在金華書坊售賣，以圖私利。

《宋會要輯稿・禮》六二載有北宋公用錢表。除公用錢之外，宋朝還有公用酒，又有職田（授田）、職錢（津貼）、茶湯錢、給卷（差旅費）、廚料、薪炭、祿米、衣料等，確實是榮寵無比。因此趙翼的《廿二史箚記》卷二十五「宋制祿之厚」條說宋代「待士大夫可謂厚矣」。

公使錢[73]，又稱公用錢，宋各路、州、軍及刺史以上的特別費用，相當於現在的招待費用。

宋朝官僚機構除正常經費外，另給公使錢，用為宴請及饋送過往官員費用，錢的數目則視官品之高下而定。公使錢依「舊制，刺史以上所賜公使錢得私入，而用和悉用為軍費。」，「方鎮別賜公使錢，例私以自奉，去則盡入其餘，經獨斥歸有司，唯以供享勞賓客軍師之用」。至南宋時，官吏宴飲饋遺之風日盛，各官署「廣收遺利」以補公使錢之不足，時人記：公使錢「正賜錢不

---

[73] https://baike.baidu.hk/item/%E5%85%AC%E4%BD%BF%E9%8C%A2/9883281

多，而著令許收遺利，以此州郡得以自恣。若帥憲等司，則又有撫養、備邊等庫，開抵當、賣熟藥，無所不爲，其實以助公使耳。公使苞苴，在東南而爲尤甚。揚州一郡每歲饋遺見於帳籍者至十二萬緡。」趙翼的《廿二史札記》，該書卷二十五「宋制祿之厚」條說宋代「待士大夫可謂厚矣」。後來公使錢來源由官府徵收，成爲變相捐稅，是一種「陋規」。慶曆四年（1044 年），環慶路都部署兼知慶州滕宗諒因任意使用「公使錢」，結果被彈劾，謫守巴陵郡，在嶽州重修岳陽樓，後來他的朋友范仲淹寫有《岳陽樓記》。

捍海堰

在泰期間，他做的兩件大事，對後世的影響尤爲深遠，一是重築捍海堰[74]，另一是建興化學宮，如下網站。

天禧五年（1021 年），范仲淹（33 歲）調任泰州，監西溪鎮（江蘇省鹽城市東台市西溪，當時屬泰州）鹽倉。泰州是宋代重要的產鹽區，而西溪是泰州鹽稅的徵集地。

《史海鹽蹤—鹽城海鹽文化歷史遺存（鹽城文史資料第 28 輯）》中介紹范仲淹在西溪，徵稅憂民，捍海利

---

[74] http://www.mytaizhou.net/folder1/folder2/folder511/2019-04-02/320041.html

民：范仲淹到任後四處巡視，發現鄉村少炊煙，黎民多菜色，心中惻隱不已。面對遍野瘡痍，而鹽課欠額，有司催促，范仲淹思慮再三，毅然寫信《上張右丞書》，向時任宰相的張知白反映西溪情況。

「乾興元年十二月日，文林郎、試秘書省校書郎、權集慶軍節度推官、監泰州西溪鎮鹽倉范某，謹齋戒選日，裁書拜于右丞閣下。當世大君子，以某雕蟲之技而憐之者有矣。未有謂某之誠可言天下之道者。今複吏於海隅葭菼之中，與國家補錙銖之利，緩則罷咎，猛且賊民，窮荒絕島，人不堪其憂，尚何道之可進」？

范仲淹在信中反映了自己慮咎慮民的兩難心境，慮咎，是考慮個人的考評與前途；慮民，是憂慮百姓的饑寒冷暖，結果是他以根治潮患的思想言行彰顯他慮民重於慮己、「益天下之心」的「千古之志」。二十年後《岳陽樓記》中「先天下之憂而憂，後天下之樂而樂」的高潔情懷，或許就在西溪肇始。

經過走訪調查，范仲淹發現「郡有古堰，亙百有五十里，厥廢曠久」，且百姓常常遭受秋濤襲擾，遂下定決心要在唐堰基礎上重新建起一座千年不倒的攔海大堤。他向江淮制置發運副使張綸報去了一份根治潮患的建議：修復捍海堰，「條具工費程度，言甚詳密」。

張綸深感這份建議的分量，立即向朝廷轉達。經二駁三申，天聖元年（1023 年），朝廷任命范仲淹爲興化

縣令,主修捍海堰。

范仲淹調集了泰州、通州、楚州等地四萬民工,沿著唐堰舊址,在內側取土修築。

捍海堰工程開工不久,一場暴風雪和海潮突然而至,堤壩工地上的好多民工來不及撤退,就被無情的海水吞噬。范仲淹後來在《胡公神道碑銘》中回憶道:「雨雪大至,潮洶驚人,而兵夫散走,旋濘而死者百余人」。

海潮事件報上去後,朝中原本不同意修堰的官員再次反對,朝廷派遣兩淮轉運使胡令儀進一步考察後,胡令儀積極支援范仲淹修堤主張。張綸也請求兼任泰州知州,支援捍海堰工程。范仲淹因母親去世離職守喪,由張綸負責完成海堰的修築。就這樣歷經重重困難,終於築成了這段首起海陵(即泰州)尾接鹽城的一條莽莽大堤。該大堤底寬 3 丈、面 1 丈、高 1.5 丈,長 143 里零 136 丈。大堤修好後,解除了這一帶的潮水侵害,保護了農田和鹽場,政府的田賦,鹽課大大增加。百姓不再顛沛流離,農業、鹽業均獲其利。據史書記載,堤堰修復後,「複業者三千六百戶,民享其樂」。

捍海堰的歷史[75]

早在公元 767 年(唐代宗大曆二年),淮南西道黜陟使李承自楚州(治所今淮安市,地點位於今鹽城市)至

---

[75] https://baike.baidu.hk/item/%E6%8D%8D%E6%B5%B7%E5%A0%B0/2528
14

揚州海陵（當時如皋屬海陵縣）修築了一條大海堤，叫捍海堰，俗稱「皇岸」。

　　但是，由於堤身建造不堅固，加之年久失修，經不住海潮沖刷，大潮來時，常常多處潰決，海潮倒灌，滷水充斥，淹沒大片靠海的田地、廬舍和鹽灶，給人民生活和生命財產帶來極大的危害。北宋中期，范仲淹出任西溪鹽官。他看到海潮肆虐，民不聊生，上書朝廷，建議重修捍海堰。宋仁宗準旨，指定范仲淹負責修堰工程。1024 年秋，范仲淹徵調民工 4 萬多人，按照他設計的方案，開工築堤。

　　到了隆冬季節，大雪紛飛，天寒地凍，潮勢又猛，已經築起來的部分河堤又被沖垮。遇到大雨，流沙橫淤。民工凍餓勞累，死了 200 多人，以致少數人出來反對築堤。宋仁宗派兩淮轉運使胡令儀前來察看。胡令儀贊同范仲淹修堤主張，上書仁宗皇帝，建議繼續施工。

　　雨大風急，越往下挖流沙越多，工程越來越艱鉅。范仲淹頂風冒雨，親臨施工現場督察。施工經費不足，他還將自己的官俸貼上。在范仲淹的這種精神鼓舞下，民工們不畏艱險，工程進展很快。 經過三年多的艱苦施工，一條長 200 多千米的新堤綿亙在黃海岸邊。范仲淹為修築捍海堰作出了巨大的貢獻。

　　如皋地處泰州東部，在如皋境內的捍海堰佔整個捍海堰的十分之三，約 70 多千米。據《如皋縣誌》記載：

當這條海堤未築之前，如皋遍地是鹼，叫鹽鹼田，又叫洋田、蕩田。

海堤築成後，海潮不再內侵，沿海人民的生命財產得到了保障，農業、煮鹽業得到了穩步發展。為了紀念范仲淹的功績，人們把這條捍海堰稱做「范公堤」。在如皋城裏，還建了三座祠堂紀念他，一座在東水關內，叫范文正公祠；一座在北門外，叫報功祠，是合祀范仲淹、鄭端簡的；還有一座在南門內，叫二賢祠，是合祀范仲淹和胡安定的。

到了元朝，這條海堤又經修築加長，南起啓東的呂四，北迄阜寧，總長 291 千米。到了明清兩代，堤外陸續漲出大片土地，但是范公堤仍然不「束內水，隔外潮」的作用。後來，堤外已成為萬頃良田，部分堤身改築公路，變成通榆公路的一部分。

重文興教，建興化學宮

天聖四年（1026 年），決心改變興化教育落後面貌的范仲淹，在滄浪河畔，即後來興化南城外老壩頭上，建了一座孔廟，即後來興化文廟前身，並在廟內創辦興化學宮，讓更多學子有書可讀。

學宮建好之後，范仲淹親自撰寫了《儒學碑記》，他不但自己勤勉督學、以身示教，還聘請名師過來授課，其中有他的摯友、時任泰州軍事推官的滕子京。當時，范仲淹還寫了一首《酬滕子京同年》來共勉。這期間，

泰州的飽學之士胡瑗、周孟陽等人也常來此講學授課。

興化學宮，是興化有史以來第一座官辦學校，也是全國最早的學宮之一，比范仲淹後來推行的「慶曆興學」還要早上 20 年。經過歷朝演變，「學宮」逐漸成為官方叫法，在民間則稱之為「文廟」。科舉時代，學宮為興化培養包括文武狀元在內的 100 多名進士，近 400 名舉人。明代，這座學宮被移進城內改為文廟。

為了將「君子不獨樂，有朋來遠方」的情懷灑遍泰州大地，范仲淹還在興化學宮內特意興建了一所文會堂，以文會友，提倡「詩書對周孔，琴瑟親羲黃」的讀書活動，與滕子京在泰州所修文會堂遙相呼應。

范仲淹的到來，吸聚大批文化學者前來興化，興化文教之風為之一振，綿延千年至今。自宋以來，興化學風盛熾，人才輩出。這在全國縣級城市中是不多見的，更出了如施耐庵、陸西星、宗臣、鄭板橋、李鱓、任大椿、劉熙載這一長串文學、藝術巨星。更有李詳、李繼侗、喻兆琦、鈕經義、李德平、朱亞傑、王振義等那麼多近現代學者和院士。

賑災 知杭州時[76]

幸好張綸也是個好上司，為了支援堤壩建設，他再次奏請朝廷讓范仲淹監楚州糧科院，也好讓他能有權調

---

[76] https://36kr.com/p/742328940258436　新基建 范仲淹

用國庫糧草，為工程所用。天有不測風雲，正當修堤工程進行得如火如荼時，冬季雨雪來臨，海潮意外湧來，衝垮了堤壩，吞沒了正在施工的一百多個民工，工程被迫停工。好在滕子京聞訊趕來，帶著士兵沖到一線，這才穩住陣腳。

經過一番波折，綿延數百里的捍海堰終於修建完成。堤外燒鹽，堤內種糧，給整個泰州周邊的沿海地區提供了一個安全的屏障。而築堤取土又形成了一條與堤壩平行的大河，此河便是貫穿南北的鹽運河。至此，受災百姓可以重返家園。

（左為范仲淹捍海堰示意圖，圖片源自網路）

康定元年（1040 年），51 歲的范仲淹要上戰場，他開始對邊關的「新基建」下手了。當年，宋朝與西夏關係日趨緊張，戰事一觸即發。范仲淹被調任陝西經略副使，協助軍事長官韓琦，負責北部地方的軍事防務。視

察邊關後，他立即向朝廷提出將自己調往延州親自指揮作戰的要求。

　　宋仁宗也算聽話，很快便批准了他的請求。一到前線，范仲淹立刻進行改革，並對邊塞進行了修復和重建。慶曆二年（1042 年），他親自指揮修建了馬鋪城，切斷了西夏與少數民族的來往，使其處於孤立無援的境地，不敢輕舉妄動，邊關百姓得以安寧。

　　范仲淹駐守邊疆時便已經開始修復被西夏毀壞或佔據的金明（今陝西安塞縣南碟子溝）、承平（今陝西子洲縣何家集）等十二寨的堡寨，因此挫敗了元昊二次進攻延州的計畫，保安軍（今陝西志丹縣）至延州一帶防務大大加強。據《慶陽府志》記載，僅在今慶陽地區范仲淹修建的堡寨就有二十九座。不僅如此，他還招募弓箭手，授給田土，並對降漢的蕃部屬戶首領封官，使弓箭手人數大大增加，有力地抵禦了西夏的入侵。

　　「大順既城，而白豹、金湯皆不敢犯，環慶自此冠盜益少」。

杭州賑災

　　「皇佑二年，吳中大饑，殍殣（piǎo jìn）枕路」。

　　北宋皇佑二年（1050 年），范仲淹 62 歲，吳州（如今江蘇南部、上海、浙江等地）鬧饑荒，穀價飛漲、百

姓流離失所。兩浙一帶官府紛紛開倉放糧，在任杭州知州的范仲淹卻張榜要求商販抬高谷價到每斗一百五十文。外地糧商得知此消息紛紛趕至杭州，市場在幾天內飽和，供大於求，價格回落。

為了賑災，范仲淹提出「荒政三策」，抬高穀價為一策，「搞新基建」是第二策。當時杭州人喜好修廟拜佛。范仲淹便召集各寺廟的住持，要求他們修繕寺廟。「饑歲（sui）工價至賤，可以大興土木之役」。意思是：災荒之年，工價降低，剛好可以趁此機會大興土木。寺廟在節省開支的同時亦可以幫助災民再就業。

於是這些寺廟開始大興土木，官府趁此機會翻修倉庫、縣衙以及建設公共設施，富賈商戶見狀紛紛效仿。

由此一來，大量災民湧入城中做工，官府將對災民的救助轉化為了工錢，解決了就業問題。

「開展地攤經濟」就是第三策。

吳人喜競渡，也就是賽龍舟。「希文乃縱民競渡，太守日出宴于湖上，自春至夏，居民空巷出遊」。這次的龍舟賽，一賽便是一季度。

作為發起人，范仲淹出席每次競賽，幾乎夜夜笙歌。富人在官府的帶動下積極參與，百姓們扶老攜幼「聚眾紮堆」，小商小販擠在西湖岸邊擺攤兒，附近的茶樓、飯館、客棧生意爆滿。

《增廣智囊補》之范仲淹賑災中提到，「凡出遊者，

必其力足以遊者也。游者一人，而賴遊以活者不知幾十人矣」。意思是：凡是能來看龍舟賽的人都是有一定經濟能力的。一個來西湖邊遊玩的人，至少能養活十個百姓。

「地攤經濟」刺激了當地消費，資金流轉，旅遊、餐飲、服務行業開始復蘇。這都是刺激內需的措施，讓資產流動起來，從而達到救濟貧民的目的。那些從事小生意、飲食行業的人，以及工匠、民夫，可以養活自己。實踐證明，這一年兩浙路災區唯有杭州平安無事，百姓沒有流亡。

值得一提的是，明朝萬曆年間蘇州也曾鬧饑荒，但當時的主政者明令禁止百姓遊船，無所作為，最終導致百姓不得不背井離鄉尋求生路，最後釀成大亂。

范仲淹的做法看似不合常理，危機來臨似乎應該看緊錢袋子，少折騰，但他反其道而行之。這其中隱藏著一個重要的應對危機的原理，就是越是蕭條，越是不能讓人閑下來。

重要附錄

1.死前遺表

臣聞：生必盡忠，乃臣節之常守。沒猶有戀，蓋主恩之難忘。輒忍須臾之期，少舒迫切之懇。痛靡自覺，

辭皆不倫。伏念：臣生而遂孤，少乃從學。遊心儒術，決知聖道之可行。結綬仕塗，不信賤官之能屈。纔脫中銓之冗，遽參麗正之榮。恥爲幸人，竊論國體。昨自明肅厭代之後，陛下奮權之初，首承德音，占預諫列。念昔執卷，惟虞無位之可行。況今得君，安敢惜身而少避！間斥江湖之遠，旋塵待從之班。大忤貴權，幾成廢放。屬羌臣之負險，顧將列以難裁，乃副帥權，仍峻使任。亦嘗周旋戰備，指目地形，力援定川之師。始期遇敵，誓複橫山之壤。亟逼講和，雖微必取之功，多弭未然之患。預中樞之密勿，曾不獲辭。

參大政之幾微，益難勝責。自念驟膺於寵遇，固當勉副於倚毗。然而事久敝，則人憚於更張。功未驗，則俗稱於迂闊。以進賢援能爲樹黨，以敦本抑末爲近名。洎乑二華之行，愈增百種之謗。上繫天聽，終辨眾讒。因懇避於鈞衡，爰就班于符竹。一違近署，五易名城。雖聖恩曲示于便安，奈神道常惡其盈滿。請麾上穎，蓋遭拙疹之未平。息鞍東徐，益覺靈醫之不效。唯積痾之見困，非晚歲之能支。神不在形，氣將去幹。冥冥幽壤，倏爲長往之期。穆穆清光，永絕再瞻之望。肝膽摧落，精魄飛揚。然臣起于諸生，歷此華貫，雨露澤於數世，圭組煥於一門。有如臣焉，足爲榮矣。當瞑目以無憾，尚貪生而有雲？蓋念：所惜者盛時，所眷者明主。雖性命之際，已能自通。然君臣之間，豈易忘報？但無恆化，

以竭遺忠。敢憚陳於緒言,庶無負於沒齒。

伏望陛下調和六氣,會聚百祥。上承天心,下徇人欲。明慎刑賞,而使之必當。精審號令,而期於必行。尊崇賢良,裁抑僥倖。制治於未亂,納民于大中。如此!則不獨微臣,甘從於異物。庶令率土,永浸於淳風。言逐涕零,命隨疏殞。臣無任惶懼戰惕之至。

2.伯夷頌

士之特立獨行,適於義而已,不顧人之是非,皆豪傑之士,信道篤而自知明也。

一家非之,力行而不惑者寡矣。至於一國一州非之,力行而不惑者,蓋天下一人而已矣。若至於舉世非之,力行而不惑者,則千百年乃一人而已耳!若伯夷者,窮天地亙萬世而不顧者也。昭乎日月不足為明,崒乎泰山不足為高,巍乎天地不足為容也!

當殷之亡,周之興,微子賢也,抱祭器而去之;武王、周公聖也,從天下之賢士與天下之諸侯而往攻之,未嘗聞有非之者也。彼伯夷、叔齊者,乃獨以為不可。殷既滅矣,天下宗周,彼二子乃獨恥食周粟,餓死而不顧。由是而言,夫豈有求而為哉?信道篤而自知明也。

今世之所謂士者,一凡人譽之,則自以為有餘;一凡人沮之,則自以為不足。彼獨非聖人而自是如此!夫聖人乃萬世之標準也。余故曰,若伯夷者,特立獨行、窮天地亙萬世而不顧者也。雖然,微二子,亂臣賊子接

跡於後世矣。

3.唐狄梁公碑

　　天地閉，孰將闢焉？日月蝕，孰將廓焉？大廈仆，孰將起焉？神器墜，孰將舉焉？巖巖乎克當其任者，惟梁公之偉歟！公諱仁傑，字懷英，太原人也。祖宗高烈，本傳在矣。公為子極於孝，為臣極於忠，忠孝之外，揭如日月者，敢歌於廟中。

　　公嘗赴并州掾，過太行山，反瞻河陽，見白雲孤飛，曰：「吾親在其下。」久而不能去，左右為之感動。《詩》有陟岵陟屺，傷〈君子於役〉，弗忘其親，此公之謂歟！於嗟乎，孝之至也，忠之所繇生乎！

　　公嘗以同府掾當使絕域，其母老疾，公謂之曰：「奈何重太夫人萬里之憂？」詣長史府，請代行。時長史、司馬方睚不協，感公之義，歡如平生。於嗟乎！與人交而先其憂，況君臣之際乎！

　　公為大理寺丞，決諸道滯獄萬七千人，天下服其平。武衛將軍權善才坐伐昭陵柏，高宗命戮之，公抗奏不卻。上怒曰：「彼致我不孝。」左右策令公出。公前曰：「陛下以一樹而殺一將軍，張釋之所謂『假有盜長陵一抔土，則將何法以加之？』臣豈敢奉詔，陷陛下於不道？」帝意解，善才得恕死。於嗟乎，執法之官，患在少恩，公獨愛君以仁，何所存之遠乎！

　　高宗幸汾陽宮，道出妒女祠下。彼俗謂盛服過者，

必有風雷之災。并州發數萬人別開御道。公爲知頓使，曰：「天子之行，風伯清塵，雨師灑道，彼何害哉！」遽命罷其役。又公爲江南巡檢使，奏毀淫祠千七百所，所存惟夏禹、太伯、季子、伍員四廟。曰：「安使無功血食，以亂明哲之祠乎？」於嗟乎，神猶正之，而況人乎！

公爲寧州刺史，能撫戎夏，郡人紀之碑。及遷豫州，會越王亂後，緣坐者七百人，籍沒者五千口。有使促行刑，公緩之，密表以聞，曰：「臣言似理逆人，不言則辜陛下好生之意。表成復毀，意不能定。彼咸非本心，唯陛下矜焉。」敕貸赦之，流於九原郡。道出寧州舊治，父老迎而勞之曰：「我狄使君活汝輩耶？」相攜哭於碑下，齋三日而去。於嗟乎，古謂民之父母，如公則過焉。斯人也，死而生之，豈父母之能乎！

時宰相張光輔率師平越王之亂，將士貪暴，公拒之不應。光輔怒曰：「州將忽元帥耶？」對曰：「公以三十萬眾除一亂臣，彼脅從輩聞王師來，乘城而降者萬計，公縱暴兵殺降以爲功，使無辜之人肝腦塗地。如得尚方斬馬劍加於君頸，雖死無恨。」光輔不能屈，奏公不遜，左遷復州刺史。於嗟乎，孟軻有言：威武不能挫，是爲大丈夫。其公之謂乎！

爲地官侍郎、同鳳閣鸞臺平章事，爲來俊臣誣搆下獄。公曰：「大周革命，萬物惟新。唐朝舊臣，甘從誅戮。」因家人告變，得免死，貶彭澤令。獄吏嘗抑公誣引楊執

北宋能臣
范仲淹

柔，公曰：「天乎！吾何能爲！」以首觸柱，流血被面，
彼懼而謝焉。於嗟乎，陷阱之中，不義不爲，況廟堂之
上乎！

契丹陷冀州，起公爲魏州刺史以禦焉。時河朔震動，
咸驅民保郛郭。公至，下令曰：「百姓復爾業，寇來吾自
當之。」狄聞風而退，魏人爲之立碑。未幾入相，請罷
戍疏勒等四鎮，以肥中國。又請罷安東，以息江南之饋
輸。識者韙之，北狄再寇趙、定間，出公爲河北道元帥。
狄退，就命公爲安撫大使。前爲突厥所脅從者，咸逃散
山谷。公請曲赦河北諸州，以安反側。朝廷從之。於嗟
乎，四方之事，知無不爲，豈虛尚清談而已乎！

公在相日，中宗幽房陵，則天欲立武三思爲儲嗣。
一日，問群臣可否，眾皆稱賀，公退而不荅。則天曰：
「無乃有異議乎？」對曰：「有之。昨陛下命三思募武士，
歲時之間數百人。及命廬陵王代之，數日之間應者十倍。
臣知人心未厭唐德。」則天怒，令策出。又一日，則天
謂公曰：「我夢雙陸不勝者何？」對曰：「雙陸不勝，宮
中無子也。」復命策出。又一日，則天有疾，公入問閤
中。則天曰：「我夢鸚鵡雙翅折者何？」對曰：「武者，
陛下之姓，相王、廬陵王，則陛下之羽翼也，是可折乎？」
時三思在側，怒發赤色。則天以公屢言不奪，一旦感悟，
遣中使密召廬陵王矯衣而入，人無知者。乃召公坐於簾
外而問曰：「我欲立三思，群臣無不可者，惟俟公一言。

從之,則與卿長保富貴,不從,則無復得與卿相見矣。」
公從容對曰:「太子,天下之本,本一搖而天下動。陛下
豈以一心之欲,輕天下之動哉!太宗百戰取天下,授之
子孫,三思何與焉?昔高宗寢疾,令陛下權視軍國。陛
下奄有神器數十年,又將以三思為後,如天下何?且姑
與母孰親?子與姪孰近?立盧陵王,則陛下萬歲後享唐
之血食,立三思,則宗廟無祔姑之禮。臣不敢愛死以奉
制,陛下其圖焉。」則天感泣,命褰簾,使盧陵王拜公
曰:「今日國老與汝天子。」公哭於地,則天命左右起之,
拊公背曰:「豈朕之臣,社稷之臣耶。」巳而奏曰:「還
宮無儀,孰為太子?」復置盧陵王於龍門,備禮以迎,
中外大悅。於嗟乎,定天下之業,斷天下之疑,其至誠
如神,雷霆之威,不得而變乎!

　　則天嘗命公擇人,公曰:「欲何為?」曰:「可將相
者。」公曰:「如求文章,則今宰相李嶠、蘇味道足矣。
豈文士齷齪,思得奇才,以成天下之務乎?荊州長史張
柬之,真宰相才,誠老矣,一朝用之,尚能竭其心。」
乃召拜洛州司馬。他日,又問人於公,對曰:「臣前言張
柬之,雖遷洛州,猶未用矣。」改秋官侍郎。及召為相,
果能誅張易之輩,返正中宗,復則天為皇太后。於嗟乎,
薄文華,重才實,其知人之深乎!又嘗引拔桓彥範、敬
暉、姚元崇等至公卿者數十人。

　　公之勳德,不可殫言。有論議數十萬言,李邕載之

《別傳》。論者謂松柏不夭，金石不柔，受於天焉。公爲大理丞，抗天子而不屈。在豫州日，拒元帥而不下。及居相位，而能復廢主，以正天下之本。豈非剛正之氣出乎誠性，見於事業？當時優游薦紳之中，顛而不扶；危而不持者，亦何以哉！某貶守鄱陽，移丹徒郡，道過彭澤，謁公之祠而述焉。又系之云：商有三仁，弗救其滅。漢有四皓，正於未奪。嗚呼！武暴如火，李寒如灰。何心不隨？何力可回？我公哀傷，拯天之亡。逆長風而孤騫，愬大川以獨航。金可革，公不可革，孰爲乎剛？地可動，公不可動，孰爲乎方？一朝感通，群陰披攘。天子既臣而皇，天下既周而唐。七世發靈，萬年垂光。噫！非天下之至誠，其孰能當！

4.上資政晏侍郎書

天聖八年月日，具銜范某，謹齋沐再拜，上書於資政侍郎閣下：

某近者伏蒙召問：「曾上封章言朝廷禮儀事，果有之乎？」某嘗辱不次之舉，矧公家之事，何敢欺默，因避席而對曰：「有之。」遽奉嚴教云：「爾豈憂國之人哉！眾或議爾以非忠非直，但好奇邀名而已。苟率易不已，無乃爲舉者之累乎？」某方一二奉對，公曰：「勿爲強辭！」

某不敢犯大臣之威，再拜而退，退而思之，則自疑而驚，曰：「當公之知，惟懼忠不如金石之堅，直不如藥

石之良，才不爲天下之奇，名不及泰山之高，未足副大
賢人之清舉。今乃一變爲尤，能不自疑而驚乎？」且當
公之知，爲公之悔，儻默默不辨，則恐搢紳先生誚（音
巧四聲　責讓）公之失舉也，如此，某何面目於門牆哉？
請露肝膂（音呂脊骨）之萬一，皆質於前，志非敢左右
其說，惟公之采擇，庶幾某進不爲賢人之疑，退不爲賢
人之累，死生幸甚！死生幸甚！

　　某天不賦智，昧於幾微，而但信聖人之書，師古人
之行，上誠於君，下誠於民，韓愈自謂有憂天下之心，
由是時政得失或嘗言之，豈所謂不知量也？蓋聞昔者聖
人求天下之言以共理天下，於是命百官箴闕，百工獻藝，
則大臣、小臣無非諫也，建善旌、立諫鼓，諮芻蕘、采
謠詠，斯則何遠何近，咸可言也，此誠歷代令王懼上有
所未聞，下有所未達，特崇此道以致天下之言，俾九重
之深無所蔽也。亦必憂國大臣懼義有所未從，諫有所未
上，復廣此道以致天下之情，冀萬乘之心有以動也。

　　某又聞事君有犯無隱，有諫無訕，殺其身，有益於
君則爲之，衛顗曰：「非破家爲國，殺身成君者，誰能犯
顏色，觸忌諱，建一言哉？」亦忠臣之分也，而曰「不
在其位，不謀其政」者，謂各司其局，不相侵官，如當
二千石之位，則不責尚書之政，當尚書之位，則不責三
公之政，非言路之謂矣！又曰：「天下有道，庶人不議」，
蓋言有道之朝，教化純被，則庶人無所議焉；某登進士

第，由幕府歷宰字，為九卿之屬，似非庶人，敢不議乎？如雲遠不當諫，則伯夷叩馬諫武王，豈近臣哉？太公謂之義士，夫子稱其賢人，曾不以遠而為過乎！至於穎考叔、曹劌、杜蕡、絃高、魯仲連、梅福之徒，皆遠而謀國者也，前史嘉之，況國家以公之清舉，置某於近閣同文館之列，唐文皇於此延天下之才，使多識前言（往）行，以諮政教之得失，備廊廟之選用，如朝廷延才之意不減於前，則某事君於此，非遠也。

又聞言未及而言，謂之躁。今國家詔百官轉對，使明言聖躬之過失、宰司之闕遺。其不預轉對者，俾實封章奏以聞，則某非言未及而言也。若以某好奇為過，則伊尹負鼎、太公直釣、仲尼誅侏儒以尊魯、夷吾就縲絏而霸齊、藺相如奪璧於強鄰、諸葛亮邀主於敝廬、陳湯矯制而大破單于、祖逖誓江而克清中原、房喬杖策於軍門、姚崇臂鷹於渭上，此前代聖賢，非不奇也，某患好之未至爾。

若以某邀名為過，則聖人崇名教而天下始勸，莊叟云：「為善無近名」，乃道家自全之說，豈治天下者之意乎？名教不崇，則為人君者謂堯舜不足慕、桀紂不足畏，為人臣者謂八元不足尚、四凶不足恥，天下豈復有善人乎？

人不愛名，則聖人之權去矣。《經》曰立身揚名，又曰：「善不積，不足以成名」，又曰：「恥沒世而名不稱」，

又曰：「榮名以為寶」，是則教化之道，無先於名，三古聖賢何嘗不著於名乎？某患邀之未至爾。某又聞天生蒸民，各食其力，惟士以有德，可以安君，可以庇民，於是聖人率民以養士，《易》曰：「不家食吉」，如其無德，何食之有？

某官小祿微，然歲受俸祿僅三十萬，竊以中田一畝，取粟不過一斛，中稔之秋，一斛所售不過三百金，則千畝之獲，可給三十萬，以豐歉相半，則某歲食二千畝之入矣，其二千畝中，播之耨之，穫之斂之，其用天之時、地之利、民之力多矣！儻某無功而食，則為天之蟊、為民之蟘，使鬼神有知，則為身之殃、為子孫之患。

某今職在校讎，務甚清素，前編後簡，海聚雲積，其間荒唐詭妄之書，十有七八，朱紫未辨，膏肓奈何，某棲遲於斯，絕無補益，上莫救斯文之弊，下無庇斯人之德，誠無功而食矣！所可薦於君者，惟忠言耳！

況我國家以六合之廣，四葉之盛，撫《既濟》之會，防未然之幾，兢兢持盈，日昃不暇，謂今天下民庶而未富，士薄而未教，禮有所未格，樂有所未諧，多士之源有所未澄，百司之綱有所未振，兵輕而有所未練，邊虛而有所未計，賞罰或有所未一，恩信或有所未充，乃詔百官轉對，其未預者，竝許封章，此吾君盡心以虛受天下之言也，亦天下君子盡心以助成王道之日也。然獻言之初，或有所賞，於是浮淺僥覬之輩，爭為煩言，或采

其細而傷其力，或誇其利而隱其害，下冒上之寵而矯其
辭，上疑下之躁而輕其說，此政教之大害也。

　　某遠觀五帝三王，爵以尚德，祿以報功，未有賞其
空言者，至於舜俞禹拜，惟重其言而行之，逮夫春秋之
時，則有舉賢之賞，唐文皇賞孫伏伽之諫，以天下始定
而權以進之，未使久行焉。今朝廷必欲求有道之言，在
其擇而必行，不在其誘於必賞，言而無實，則真有憂天
下之心者，不廢其進焉，然後下不冒上之寵而直其辭，
上不疑下之躁而重其說，此政教大利也。某亦嘗聞長者
之餘論，鬱於胸中而莫敢罄發者，恥與浮淺僥覬之徒，
受上之疑於國門矣。

　　某昨輒言國家冬至上壽之禮者，斯言有罪，必不疑
其僥覬矣。是故經一死以重萬代之法，請皇帝率親王、
皇族於內中上皇太后萬壽，請詔宰臣率百僚於前殿上兩
宮聖壽，實無減皇太后尊崇之威，又足存皇帝貴高之體。
蓋一人與親王、皇族上壽於內，則母子之義親，君臣之
禮異，與百僚上壽於外，則是行君臣之儀，非敦母子之
義，在今兩宮慈聖仁孝之德而行此典，則未見其損，奈
何後代必有舅族強熾，竊此為法以仰制人主者矣。聖朝
既不能正之，使後代忠臣何所執議？先王制禮之心，非
萬世利則不行焉，或五帝不相沿樂，三王不相襲禮，此
何泥於古乎？

　　某謂禮樂等數，沿革可移，帝王名器，乾坤定矣，

豈沿革之可言哉？若謂某不知聖人之權，則孔子何以謂晉文公譎而不正，以臣召君不可以訓，《書》曰：「天王狩於河陽」，是諱其權而正其禮也，豈昧於權哉？小臣昧死力言，大臣未能力救，苟誠為今日之事，未量後代之患，豈小臣之狂言？大臣之未思也！

某天拙之效，不以富貴屈其身，不以貧賤移其心，儻進用於時，必有甚於今日，庶幾報公之清舉。如求少言少過，自全之士，則滔滔乎天下皆是，何必某之舉也！

夫天下之士有二黨焉，其一曰：「我發必危言，立必危行，王道正直，何用曲為？」其一曰：「我遜言易入，遜行易合，人生安樂，何用憂為？」斯二黨者，常交戰於天下，天下理亂在二黨勝負之間爾。儻危言危行獲罪於時，其徒皆結舌而去，則人主蔽其聰，大臣喪其助，而遜言遜行之黨不戰而勝，將浸盛於中外，豈國家之福？大臣之心乎？人皆謂危言危行，非遠害全身之謀，此未思之甚矣。

使搢紳之人，皆危其言行，則致君於無過，致民於無怨，政教不墜，禍患不起，太平之下，浩然無憂，此遠害全身之大也。使搢紳之人皆遜其言行，則致君於過，致民於怨，政教日墜，禍患日起，大亂之下，洶然何逃？當此之時，縱能遜言遜行，豈遠害全身之得乎？

凡今之人，生於太平，非極深研幾，豈斯言之信哉！昔魏晉之亂，哲人罹憂，至有管寧之徒涉海而遁，某今

進危言於君親，蹈危機於朝廷，不猶愈於涉海之險，而遁於異域者乎？儻以某遠而盡心不謂之忠，言而無隱不謂之直，則而今而後，未知所守矣！惟公察某之辭，求某之志，謂尚可教，則願不悔前日之舉，而加平生之知，使某罄誠於當時，垂光於將來，報德之心，宜無窮已。

儻察某之志，如不可教，則願昌言於朝，以絕其進，前奏既已免咎，此書尚可議責，使黜之辱之，不為賢人之累，則某退藏其身，省求其過，不敢以一朝之責而忘平生之知，報德之心亦無窮已。恭惟資政侍郎，羽翼舊賢，股肱近輔，赫赫之猷，天下所望，願論道之餘，一賜鑒慮，與其進，則天下如某之徒，皆不召而進矣；與其退，則天下如某之徒，皆不斥而自退矣。決天下進退者，其在公一言乎！干犯台嚴，不任戰懼之至，不宣，某再拜。

5.岳陽樓記

慶曆四年春，滕子京謫守巴陵郡。越明年，政通人和，百廢具興，乃重修岳陽樓，增其舊制，刻唐賢今人詩賦於其上。屬予作文以記之。（具 通：俱）

予觀夫巴陵勝狀，在洞庭一湖。銜遠山，吞長江，浩浩湯湯，橫無際涯；朝暉夕陰，氣象萬千。此則岳陽樓之大觀也，前人之述備矣。然則北通巫峽，南極瀟湘，遷客騷人，多會於此，覽物之情，得無異乎？

若夫霪雨霏霏，連月不開，陰風怒號，濁浪排空；

日星隱曜，山嶽潛形；商旅不行，檣傾楫摧；薄暮冥冥，虎嘯猿啼。登斯樓也，則有去國懷鄉，憂讒畏譏，滿目蕭然，感極而悲者矣。（隱曜 一作：隱耀；霪雨 通：淫雨）

至若春和景明，波瀾不驚，上下天光，一碧萬頃；沙鷗翔集，錦鱗游泳；岸芷汀蘭，郁郁青青。而或長煙一空，皓月千里，浮光躍金，靜影沉璧，漁歌互答，此樂何極！登斯樓也，則有心曠神怡，寵辱偕忘，把酒臨風，其喜洋洋者矣。

嗟夫！予嘗求古仁人之心，或異二者之為，何哉？不以物喜，不以己悲；居廟堂之高則憂其民；處江湖之遠則憂其君。是進亦憂，退亦憂。然則何時而樂耶？其必曰「先天下之憂而憂，後天下之樂而樂」乎？噫！微斯人，吾誰與歸？

時六年九月十五日。

6.朋黨論

朝代：宋代、作者：歐陽修

原文：

臣聞朋黨之說，自古有之，惟幸人君辨其君子小人而已。大凡君子與君子以同道為朋，小人與小人以同利為朋，此自然之理也。

然臣謂小人無朋，惟君子則有之。其故何哉？小人所好者祿利也，所貪者財貨也。當其同利之時，暫相黨

引以爲朋者，僞也；及其見利而爭先，或利盡而交疏，則反相賊害，雖其兄弟親戚，不能自保。故臣謂小人無朋，其暫爲朋者，僞也。君子則不然。所守者道義，所行者忠信，所惜者名節。以之修身，則同道而相益；以之事國，則同心而共濟；終始如一，此君子之朋也。故爲人君者，但當退小人之僞朋，用君子之眞朋，則天下治矣。

堯之時，小人共工、驩兜等四人爲一朋，君子八元、八愷十六人爲一朋。舜佐堯，退四凶小人之朋，而進元、愷君子之朋，堯之天下大治。及舜自爲天子，而皐、夔、稷、契等二十二人並列於朝，更相稱美，更相推讓，凡二十二人爲一朋，而舜皆用之，天下亦大治。《書》曰：「紂有臣億萬，惟億萬心；周有臣三千，惟一心」。紂之時，億萬人各異心，可謂不爲朋矣，然紂以亡國。周武王之臣，三千人爲一大朋，而周用以興。後漢獻帝時，盡取天下名士囚禁之，目爲黨人。及黃巾賊起，漢室大亂，後方悔悟，盡解黨人而釋之，然已無救矣。唐之晚年，漸起朋黨之論。及昭宗時，盡殺朝之名士，或投之黃河，曰：「此輩清流，可投濁流」。而唐遂亡矣。

夫前世之主，能使人人異心不爲朋，莫如紂；能禁絕善人爲朋，莫如漢獻帝；能誅戮清流之朋，莫如唐昭宗之世；然皆亂亡其國。更相稱美推讓而不自疑，莫如舜之二十二臣，舜亦不疑而皆用之；然而後世不誚舜爲

二十二人朋黨所欺，而稱舜爲聰明之聖者，以能辨君子與小人也。周武之世，舉其國之臣三千人共爲一朋，自古爲朋之多且大，莫如周；然周用此以興者，善人雖多而不厭也。

嗟呼！興亡治亂之跡，爲人君者，可以鑑矣。

7.十事疏原文　百度百科

范文正奏議卷上（宋）

伏奉手詔「今來用韓琦、范仲淹、富弼，皆是中外人望，不次拔擢。韓琦暫往陝西，范仲淹、富弼皆在兩地，所宜盡心爲國家，諸事建明，不得顧避。兼章得象等同心憂國，足得商量。如有當世急務可以施行者，並須條列聞奏，副朕拔擢之意」者。臣智不逮人，術不通古，豈足以奉大對。然臣蒙陛下不次之擢，預聞政事，又詔意丁寧，臣戰汗惶怖，曾不獲讓。

臣聞歷代之政，久皆有弊。弊而不救，禍亂必生。何哉？綱紀浸隳。制度日削，恩賞不節，賦斂無度，人情慘怨，天禍暴起。惟堯舜能通其變，使民不倦。

《易》曰：「窮則變，變則通，通則久」。此言天下之理有所窮塞，則思變通之道。既能變通，則成長久之業。我國家革五代之亂，富有四海，垂八十年，綱紀制度，日削月侵，官壅於下，民困於外，夷狄驕盛，寇盜橫熾，不可不更張以救之。然則欲正其末，必端其本；欲清其流，必澄其源。臣敢約前代帝王之道，求今朝祖

宗之烈，采其可行者條奏。願陛下順天下之心，力行此事，庶幾法制有立，綱紀再振，則宗社靈長，天下蒙福。

一曰明黜陟。臣觀《書》曰：「三載考績，三考黜陟幽明」。然則堯舜之朝，建官至少，尚乃九載一遷，必求成績，而天下大化，百世之後，仰爲帝範。我祖宗朝，文武百官皆無磨勘之例，惟政能可旌者，擢以不次；無所稱者，至老不遷。故人人自勵，以求績效。今文資三年一遷，武職五年一遷，謂之磨勘。不限內外，不問勞逸，賢不肖並進，此豈堯舜黜陟幽明之意耶！假如庶僚中有一賢於眾者，理一郡縣，領一務局，思興利去害而有爲也，眾皆指爲生事，必嫉之沮之，非之笑之，稍有差失，隨而擠陷。故不肖者素餐屍祿，安然而莫有爲也。雖愚暗鄙猥，人莫齒之。而三年一遷，坐至卿監丞郎者，歷歷皆是，誰肯爲陛下興公家之利，救生民之病，去政事之弊，葺紀綱之壞哉！利而不興則國虛，病而不救則民怨。弊而不去則小人得志，壞而不葺則王者失。賢不肖混淆，請托僥倖，遷易不已，中外苟且，百事廢墮，生民久苦，群盜漸起。勞陛下旰昃之憂者，豈非官失其正而致其危耶！至若在京百司，金穀浩瀚，權勢子弟長爲佔據，有虛食稟祿，待闕一二年者。暨臨事局，挾以勢力。豈肯恪恭其職？使祖宗根本之地，綱紀日隳。故在京官司，有一員闕，則爭奪者數人。其外任京朝官，則有私居待闕，動逾歲時，往往到職之初，便該磨勘，

一無勤效，例蒙遷改。此則人人因循，不復奮勵之由也。

　　臣請特降詔書，今後兩地臣僚，有大功大善，則特加爵命；無大功大善，更不非時進秩。其理狀尋常而出者，祇守本官，不得更帶美職。應京朝官在台省、館閣職任，及在審刑、大理寺、開封府、兩赤縣、國子監、諸王府，並因保舉及選差監在京重難庫務者，並須在任三周年，即與磨勘。若因陳乞，並於中書、審官院願在京差遣者，與保舉選差不同，並須勾當通計及五周年，方得磨勘。如此則權勢子弟，肯就外任，各知艱難。亦有俊明之人，因此樹立，可以進用。如今日已前受在京差遣已勾當者，且依舊日年限磨勘・其未曾交割勾當。卻求外任者，並聽其外任。在京朝官到職勾當及三年者與磨勘，內前任勾當年月日及公程日限，並非因陳乞而移任在道月日，及升朝官在京朝請月日，並令通計。

　　其遠官近地，勞逸不同，並在假待闕及公程外住滯，或因公事，非時移替。在道月日委有司別行定奪聞奏。如任內有私罪並公罪徒以上者，至該磨勘日，具情理輕重，別取進止。其庶寮中有高才異行，多所薦論，或異略嘉謀，為上信納者，自有特恩改遷，非磨勘之可滯也。又外任善政著聞，有補風化；或累訟之獄，能辨冤沈；或五次推勘，人無翻訟；或勸課農桑，大獲美利；或京城庫務，能革大弊，惜費巨萬者，仰本轄保明聞奏，下尚書省集議。為眾所許，則列狀上聞，並與改官，不隔

磨勘。或有異同，各以所執取旨，出於聖斷。仍請詔下
審官院、流內銓、尙書考功，應京朝官選人逐任得替，
明具較定考績、結罪聞奏。內有事狀猥濫，並老疾愚昧
之人，不堪理民者，別取進止。

已上磨勘考績條件，該說不盡者，有司比類上聞。
如此，則因循者拘考績之限，特達者加不次之賞，然後
天下公家之利必興，生民之病必救，政事之弊必去，綱
紀之壞必葺，人人自勸，天下興治，則前王之業，祖宗
之權，複振于陛下之手矣。其武臣磨勘年限，委樞密院
比附文資定奪聞奏。

二曰抑僥倖。臣聞先王賞延于世，諸侯有世子襲國，
公卿以德而任，有襲爵者，《春秋》譏之。及漢之公卿，
有封爵而歿，立一子爲後者，未聞餘子皆有爵命。其次
寵待大臣，賜一子官者有之，未聞每歲有自薦其子弟者。
祖宗之朝，亦不過此。自眞宗皇帝以太平之樂，與臣下
共慶，恩意漸廣。大兩省至知雜禦史以上，每遇南郊並
聖節，各奏一子充京官，少卿、監奏一子充試銜。其正
郎、帶職員外郎，並諸路提點刑獄以上差遣者，每遇南
郊，奏一子充齋郎。其大兩省等官，既奏得子充京官，
明異於庶僚，大示區別，複更每歲奏薦，積成冗官。假
有任學士以上官經二十年者，則一家兄弟子孫出京官二
十人，仍接次升朝，此濫進之極也。

今百姓貧困，冗官至多。授任既輕，政事不舉。俸

祿既廣，刻剝不暇。審官院常患充塞，無闕可補。臣請特降詔書，今後兩府並兩省官等，遇大禮許奏一子充京官，如奏弟侄骨肉，即與試銜外，每年聖節更不得陳乞。如別有勳勞著聞於外，非時賜一子官者，系自聖恩。其轉運使及邊任文臣初除授後，合奏得子弟身事者。並候到任二年無遺闕，方許陳乞。如二年內非次移改者，即許通計三年陳乞。三司副使、知雜禦史、少卿、監以上，並同兩省，遇大禮各奏薦子孫。其正郎、帶館職員外郎，並省府推判官、外任提點刑獄以上，遇大禮合該奏薦子孫者，須是在任及二周年，方得陳乞。

已上有該說不盡者，委有司比類聞奏。如此則內外朝臣，各務久於其職，不為苟且之政，兼抑躁動之心。亦免子弟充塞銓曹，與孤寒爭路，輕忽郡縣，使生民受弊。其武臣入邊上差遣，並大禮合奏薦子弟者，乞下樞密院詳定比類聞奏。

又國家開文館，延天下英才，使之直秘庭，覽群書，以待顧問，以養器業，為大用之備。今乃登進士高等者，一任才罷，不以能否，例得召試而補之。兩府、兩省子弟親戚，不以賢不肖，輒自陳乞館閣職事者，亦得進補。

太宗皇帝建崇文院、秘閣，自書碑文，重天下賢才也。陛下當思祖宗之意，不宜甚輕之。臣請特降詔書，今後進士三人內及第者，一任回日。許進於教化經術文字十軸，下兩制看詳，作五等品第。中第一第二等者，

即賜召試;試又優等,即補館閣職事。兩府、兩省子弟,並不得陳乞館閣職事及讀書之類。禦史台畫時彈劾,並諫院論奏。如館閣闕人,即委兩地舉文有古道、才堪大用之士,進名同舉,並兩制列署表章,仍上殿稱薦,以充其職。如此,則館閣職事更不輕授,足以起朝廷之風采,紹祖宗之本意,副陛下慎選矣。

三曰精貢舉。臣謹按《周禮》卿大夫之職,各教其所治,三年一大比,考其德行道藝,乃獻賢能之書于王。賢為有德行,能為有道藝。王再拜受之,登於天府。天府,太廟之寶藏也。蓋言王者舉賢能,所以上安宗社,故拜受其名,藏於廟中,以重其事也。卿大夫之職,廢既久矣。今諸道學校,如得明師,尚可教人六經,傳治國治人之道。而國家乃專以辭賦取進士,以墨義取諸科,士皆舍大方而趨小道,雖濟濟盈庭,求有才有識者十無一二。況天下危困,乏人如此,將何以救?在乎教以經濟之業,取以經濟之才,庶可救其不逮。或謂救弊之術無乃後時,臣謂四海尚完,朝謀而夕行,庶乎可濟,安得晏然不救,坐俟其亂哉!

臣請諸路州郡有學校處,奏舉通經有道之士,專于教授,務在興行。其取士之科,即依賈昌朝等起請,進士先策論而後詩賦;諸科墨義之外,更通經旨。使人不專辭藻,必明理道,則天下講學必興,浮薄知勸,最為至要。內歐陽修、蔡襄更乞逐場去留,貴文卷少而考校

精。臣謂盡令逐場去留，則恐舊人杆格，不能創習策論，亦不能旋通經旨，皆憂棄遺，別無進路。臣請進士舊人三舉以上者，先策論而後詩賦。許將三場文卷通考，互取其長。兩舉、初舉者，皆是少年，足以進學，請逐場去留。諸科中有通經旨者，至終場，別問經旨十道，如不能命辭而對，則于知舉官員前，講說七通者爲合格。不會經旨者，三舉已上即逐場所對墨義，依自來通粗施行。兩舉、初舉者，至於終場日，須八通者爲合格。

又外郡解發進士、諸科人，本鄉舉裏選之式，必先考其履行，然後取以藝業。今乃下求履行，惟以詞藻、墨義取之，加用封彌，不見姓字，實非鄉里舉選之本意也。又南省考試舉人，一場試詩賦，一場試策，人皆精意，盡其所能。複考校日久，實少舛謬。及禦試之日，詩賦文論共爲一場，既聲病所拘，意思不遠。或音韻中一字有差，雖生平苦辛，即時擯逐。如音韻不失，雖末學淺近，俯拾科級。既鄉舉之處不考履行，又禦試之日更拘聲病，以此士之進退，多言命運而不言行業。明君在上，固當使人以行業而進，而乃言命運者，是善惡不辨而歸諸天也，豈國家之美事哉！臣請重定外郡發解條約，須是履行無惡、藝業及等者，方得解薦，更不封彌試卷。其南省考試之人，已經本鄉詢考履行，卻須封彌試卷，精考藝業，定奪等第，進入御前。選官覆考，重定等第訖，然後開看南省所定等第，內合同姓名偶有高

下者，更不移改。若等第不同者，人數必少，卻加封彌，更宣兩地參校，然後御前放榜，此為至當。內三人已上，即于高等人中選擇，聖意宣放。其考校進士，以策論高、詞賦次者為優等，策論平、詞賦優者為次等。諸科經旨通者為優等，墨義通者為次等。已上進士、諸科，並以優等及第者放選注官，次等及第者守本科選限。自唐以來，及第人皆守選限。國家以收復諸國，郡邑乏官，其新及第人，權與放選注官。今來選人壅塞，宜有改革，又足以勸學，使其知聖人治身之道，則國家得人，百姓受賜。

四曰擇官長。臣聞先王建侯，以共理天下。今之刺史、縣令，即古之諸侯。一方舒慘，百姓休戚，實系其人。故歷代盛明之時，必重此任。今乃不問賢愚，不較能否，累以資考，升為方面。儒弱者不能檢吏，得以蠹民；強幹者惟是近名，率多害物。邦國之本，由此凋殘。朝廷雖至憂勤，天下何以蘇息！其轉運使並提點刑獄按察列城，當得賢於眾者。臣請特降詔書，委中書、樞密院且各選轉運使、提點刑獄共十人，大藩知州十人；委兩制共舉知州十人；三司副使、判官同舉知州五人；禦史台中丞、知雜、三院共舉知州五人；開封知府、推官共舉知州五人；逐路轉運使、提點刑獄各同舉知州五人，知縣、縣令共十人；逐州知州、通判同舉知縣、縣令共二人。得前件所舉之人，舉主多者先次差補。仍指揮審

官院、流內銓今日以後所差知州、知縣、縣令並具合入人歷任功過、舉主人數聞奏，委中書看詳。委得允當，然後引對。如此舉擇，則諸道官吏庶幾得人，為陛下愛惜百姓，均其徭役，寬於賦斂，各獲安寧，不召禍亂，天下幸甚。

五曰均公田。臣聞《易》曰：「天地養萬物，聖人養賢以及萬民。」此言聖人養民之時，必先養賢。養賢之方，必先厚祿。厚祿然後可以責廉隅，安職業也。皇朝之初，承五代亂離之後，民庶凋弊，時物至賤。暨諸國收復，天下郡縣之官少人除補，至有經五七年不替罷者。或才罷去，便入見闕。當物價至賤之時，俸祿不輟，士人之家無不自足。咸平已後，民庶漸繁，時物遂貴。入仕門多，得官者眾，至有得替守選一二年，又授官待闕一二年者。在天下物貴之後，而俸祿不繼，士人家鮮不窮窘，男不得婚，女不得嫁，喪不得葬者，比比有之。複于守選、待闕之日，衣食不足，貸債以苟朝夕。到官之後，必來見逼，至有冒法受贓，賒貸度日，或不恥賈販，與民爭利。既為負罪之人，不守名節，吏有奸贓而不敢發，民有豪猾而不敢制。奸吏豪民得以侵暴，於是貧弱百姓理不得直，冤不得訴，徭役不均，刑罰不正，比屋受弊，無可奈何，由乎制祿之方有所未至。

眞宗皇帝思深慮遠，複前代職田之制，使中常之士自可守節，婚嫁以時，喪葬以禮，皆國恩也。能守節者，

始可制奸贓之吏，鎮豪猾之人。法乃不私，民則無枉。近日屢有臣僚乞罷職田，以其有不均之謗，有侵民之害。臣謂職田本欲養賢，緣而侵民者有矣，比之衣食不足，壞其名節，不能奉法，以直爲枉，以枉爲直，眾怨思亂而天下受弊，豈止職田之害耶！又自古常患百官重內而輕外，唐外官月俸尤更豐足，簿尉俸錢尚二十貫。今窘於財用，未暇增複。臣請兩地同議外官職田，有不均者均之，有未給者給之，使其衣食得足，婚嫁喪葬之禮不廢，然後可以責其廉節，督其善政。有不法者，可廢可誅。且使英俊之流，樂於爲郡爲邑之任，則百姓受賜。又將來升擢，多得曾經郡縣之人，深悉民隱，亦致化之本也。惟聖慈深察，天下幸甚。

六曰厚農桑。臣觀《書》曰：「德惟善政，政在養民」。此言聖人之德，惟在善政。善政之要，惟在養民；養民之政，必先務農；農政既修，則衣食足；衣食足，則愛膚體；愛膚體，則畏刑罰；畏刑罰，則寇盜自息，禍亂不興。是聖人之德，發於善政；天下之化，起于農畝。故《詩》有《七月》之篇，陳王業也。今國家不務農桑，粟帛常貴。浙江諸路歲糴米六百萬石，其所糴之價與輦運之費，每歲共用錢三百余萬貫文。又貧弱之民，困於賦斂，歲伐桑棗，鬻而爲薪。勸課之方，有名無實。故粟帛常貴，府庫日虛。此而不謀，將何以濟！

臣于天下農利之中，粗舉二三以言之。且如五代群

雄爭霸之時，本國歲饑，則乞糴於鄰國，故各興農利，自至豐足。江南舊有圩田，每一圩方數十里，如大城。中有河渠，外有門閘。旱則開閘引江水之利，澇則閉閘拒江水之害，旱澇不及，爲農美利。又浙西地卑，常苦水沴。雖有溝河，可以通海，惟時開導，則潮泥不得而堙之。雖有堤塘，可以禦患，惟時修固，則無摧壞。臣知蘇州日，點檢簿書，一州之田，系出稅者三萬四千頃。中稔之利，每畝得米二石至三石。計出米七百余萬石。東南每歲上供之數六百萬石，乃一州所出。臣詢訪高年，則雲曩時兩浙未歸朝廷，蘇州有營田軍四都，共七八千人，專爲田事，導河築堤，以減水患。于時民間錢五十文糴白米一石。自皇朝一統，江南不稔則取之浙右，浙右不稔則取之淮南，故慢于農政，不復修舉。江南圩田、浙西河塘，大半隳廢，失東南之大利。今江浙之米，石不下六七百文足。至一貫文省，比於當時，其貴十倍，而民不得不困，國不得不虛矣。

又京東西路有卑濕積潦之地，早年國家特令開決之後，水患大減。今罷役數年，漸已堙塞，複將爲患。臣請每歲之秋，降敕下諸路轉運司，令轄下州軍吏民各言農桑之間可興之利、可去之害。或合開河渠，或築堤堰陂塘之類，並委本州軍選官計定工料，每歲於二月間興役，半月而罷，仍具功績聞奏。如此不絕。數年之間，農利大興。下少饑歲，上無貴糴，則東南歲糴輦運之費

大可減省。其勸課之法，宜選官討論古制，取其簡約易從之術，頒賜諸路轉運使，及面賜一本，付新授知州、知縣、縣令等。此養民之政、富國之本也。

七曰修武備。臣聞古者天子六軍，以衛邦國。唐初京師置十六將軍官屬，亦六軍之義也。諸道則開折沖、果毅府五百七十四，以儲兵伍。每歲三時耕稼，一時習武。自貞觀至於開元，百三十年，戎臣兵伍，無一逆亂。至開元末，聽匪人之言，遂罷府兵。唐衰，兵伍皆市井之徒，無禮義之教，無忠信之心，驕蹇凶逆，至於喪亡。我祖宗以來，罷諸侯權，聚兵京師，衣糧賞賜豐足，經八十年矣。雖已困生靈、虛府庫，而難於改作者，所以重京師也。今西北強梗，邊備未足，京師衛兵多遠戍，或有倉卒，輦轂無備，此大可憂也。遠戍者防邊陲之患，或緩急抽還，則外禦不嚴，戎狄進奔，便可直趨關輔。新招者聚市井之輩，而輕囂易動，或財力一屈，請給不充，則必散爲群盜。今生民已困，無可誅求，或連年凶饑，將何以濟！贍軍之策，可不預圖？若因循過時，臣恐急難之際，宗社可憂。

臣請密委兩地，以京畿見在軍馬，同議有無闕數。如六軍未整，須議置兵，則請約唐之法，先於畿內並近輔州府召募強壯之人，充京畿衛士。得五萬人以助正兵，足爲強盛。使三時務農，大省給贍之費；一時教戰，自可防虞外患。其召募之法，並將校次第，並先密切定奪

聞奏。此實強兵節財之要也。候京畿近輔召募衛兵，已成次第，然後諸道放此，漸可施行。惟聖慈留意。

八曰減徭役。臣聞漢光武建武六年六月詔曰：「夫張官置吏，所以爲人也。今戶口耗少，而縣官吏職，所置尚繁。令司隸州牧各實所部」。二府於是條奏並省四百餘縣，天下至治。臣又觀西京圖經，唐會昌中，河南府有戶一十九萬四千七百餘戶，置二十縣。今河南府主客戶七萬五千九百餘戶，仍置一十九縣。主戶五萬七百，客戶二萬五千二百。鞏縣七百戶，偃師一千一百戶，逐縣三等而堪役者，不過百家，而所供役人不下二百數。新舊迴圈，非鰥寡孤獨，不能無役。西洛之民，最爲窮困。臣請依後漢故事，遣使先往西京並省諸邑爲十縣。其所廢之邑，並改爲鎮，令本路舉文資一員，董榷酤、關征之利兼人煙公事。所廢公人，除歸農外，有願居公門者，送所存之邑。其所在邑中役人，卻可減省歸農，則兩不失所。候西京並省稍成倫序，則行於大名府，然後遣使諸道，依此施行。仍先指揮諸道防團州已下，有使、州兩院者，皆爲一院，公人願去者，各放歸農。職官廳可給本城兵士七人至十人，替人力歸農。其鄉村耆保地裏近者，亦令併合。能並一耆保管，亦減役十餘戶。但少徭役，人自耕作，可期富庶。

九曰覃恩信。臣竊睹國家三年一郊，天子齋戒衮冕，謁見宗廟，乃祀上帝。大禮既成，還禦端門，肆赦天下，

曰：赦書日行五百里，敢以赦前事言者，以其罪罪之，
欲其王澤及物之速也如此。今大赦每降，天下歡呼。一
兩月間，錢谷司存督責如舊，桎梏老幼，籍沒家產。至
於寬賦斂。減搖役，存恤孤貧，振舉滯淹之事，未嘗施
行，使天子及民之意，盡成空言，有負聖心，損傷和氣。
臣請特降詔書，今後赦書內宣佈恩澤，有所施行，而三
司、轉運司、州縣不切遵稟者，并從違制，徒二年斷，
情重者，當行刺配。應天禧年以前天下欠負，不問有無
侵欺盜用，並與除放，違者仰禦史台、提點刑獄司常切
覺察糾劾，無令壅遏。臣又聞《易》曰：「先王以省方觀
民設教」。故有巡狩之禮，察諸侯善惡，觀風俗厚薄，此
聖人順動之意。今巡狩之禮不可複行，民隱無窮，天聽
甚遠。臣請降詔中書，今後每遇南郊赦後，精選臣僚往
諸路安撫，察官吏能否，求百姓疾苦，使赦書中及民之
事，一一施行，天下百姓莫不幸甚。

　　十曰重命令。臣聞《書》曰：「慎乃出令，令出惟行」。
准律文，諸被制書有所施行而違者，徒二年；失錯者，
杖一百。又監臨主司受財而枉法者，十五疋，絞。蓋先
王重其法令，使無敢動搖，將以行天下之政也。今賭國
家每降宣敕條貫，煩而無信，輕而弗稟，上失其威。下
受其弊。蓋由朝廷采百官起請，率爾頒行，既昧經常，
即時更改，此煩而無信之驗矣。又海行條貫，雖是故違
皆從失坐，全乖律意，致壞大法，此輕而弗稟之甚矣。

臣請特降詔書，今後百官起請條貫，令中書、樞密院看詳會議，必可經久，方得施行。如事幹刑名者，更于審刑、大理寺勾明會法律官員參詳起請之詞，刪去繁冗，裁爲制敕，然後頒行天下，必期遵守。其沖改條貫，並令繳納，免致錯亂，誤有施行。仍望別降敕命，今後逐處當職官吏親被制書，及到職後所受條貫，敢故違者，不以海行，並從違制，徒二年。未到職已前所降條貫，失於檢用，情非故違者，並從本條失錯科斷，杖一百。余人犯海行條貫，不指定違制刑名者，並從失坐。若條貫差失，於事有害，逐處長吏，別見機會，須至便宜而行者，並須具緣由聞奏，委中書、樞密院詳察，如合理道，即與放罪。仍便相度，別從更改。

8.上張右丞（知白）書

　　范仲淹

　　乾興元年十二月日，文林郎、試秘書省校書郎、權集慶軍節度推官、監泰州西溪鎮鹽倉范某，謹齋戒選日，裁書拜于右丞閣下。某聞先知覺後知，先覺覺後覺，伊尹之心也。伊尹之心，哲人傳焉，故賢賢相與，其道不息，若顯若隱者，則惟時爾。使伊尹之心邈乎無傳，則賢賢相廢，來代以降，豈複有致君堯舜、覺天下之後覺者哉！今有施阿衡之才之道，而將博其傳者，可無眷眷以求其人乎！有服膺仁義，親逢聖賢，而未預其傳者，可無徨徨以聽於大人之門乎！敢齋戒以辨之。

北宋能臣
范仲淹

恭惟右丞，維嶽降神，儀我華旦。文以鼓天下之動，學以達天下之志。始乃育大節，歷小位，艱難備思，造次惟道。踐七諫之清列，奉萬樞之密府。奏議森乎朝聽，顧問沃於天心。早以位峻中司，禮嚴百辟，人神協贊，貳於台宰。邠侯之問，系乎慘舒；叔相之才，著於禮樂。而常居以正色，動惟至誠。名可巽而道不可屈，懷可卷而節不可降。故昨讓廟堂之高，回星象之度。能輕人之至重，易人之至難。故道清朝廷，名高泰山，蓋盡美矣。然我宋重明累聖，與周比靈斯，賢人之業，宜衛社稷。當複正熒煌之座，爲萬邦之休光，四海之景福。此右丞之才之道之萬一也。

天下才士，莫不稽顙，仰望光明，但仲尼日月之階，難爲其升爾。某何人也，可預陶甄之末？其大幸者，生四民中，識書學文，爲衣冠禮樂之士；研精覃思，粗聞聖人之道。知忠孝可以奉上，仁義可以施下，功名可存于不朽，文章可貽於無窮，莫不感激而興，慨然有益天下之心，垂千古之志，豈所謂不知量也。又昔人雲，一卷之書，必立之師。豈天下之道，無從而正之，而可得其指要乎！某所以雞鳴孜孜，望其有獲於此。而當世大君子，以某雕蟲之技而憐之者有矣，未有謂某之誠，可言天下之道者。今複吏於海隅葭茨之中，與國家補錙銖之利，緩則罹咎，猛且賊民，窮荒絕島，人不堪其憂，尚何道之可進！自惜屬文未達，見書未博。三十爲學，

未獲事大賢人之師；周旋其心，未能受大君子之道。其愚不已，尚徨徨乎聽於大人之門。恭惟右丞，播洪鈞之仁，矜其下肖，以一言置於左右。至於稼穡之難，獄訟之情，政教之繁簡，貨殖之利病，雖不能辯，亦嘗有聞焉，似可備俊之末議，且使朝夕執事於前，觀之可否。如得其誠，願預教育，然後天下之道可得而明，阿衡之心可得而傳。使某會遇之日，有益於當時，有垂於將來，乃右丞之道傳傳而不朽矣。

　　昔郭隗以小才而逢大遇，則燕昭之名於今稱道。黃公，天人也，有以跪履而授帝師之道者，豈以孺子而舍諸？智愚不同，人則然矣。先民有言曰，希聖者亦聖之徒也，此庶幾于萬一。然干犯台嚴，無任狂越戰兢之至。不宣。某再拜頓首。

9.范文正公神道碑文，褒賢之碑
　宋仁宗皇帝篆額

　　觀文殿學士光祿大夫行禮部尚書知河南府兼西京留守事畿內勸農使上柱國臣王舉正題宋推誠保德功臣、資政殿學士、金紫光祿大夫、尚書戶部侍郎、護軍汝南郡開國公、食邑二千三百戶、食實封六百戶、贈兵部尚書、諡文正公范公神道碑銘並序。

　　皇佑四年五月甲子，資政殿學士、尚書戶部侍郎、汝南文正公薨於徐州，以其年十有二月壬申，葬于河南伊樊裏之萬安山下。公諱仲淹，字希文。五代之際，世

家蘇州，事吳越。太宗皇帝時，吳越獻其地，公之皇考從錢俶朝京師，後為武寧軍掌書記以卒。公生二歲而孤。母夫人貧無依，再適長山朱氏。既長，知其世家，感泣去之南都。入學舍，掃一室，晝夜講誦，其起居飲食，人所不堪，而公自刻益苦。居五年，大通六經之旨，為文章論說必本于仁義。祥符八年舉進士，禮部選第一，遂中乙科，為廣德軍司理參軍，始歸迎其母以養。及公既貴，天子贈公曾祖蘇州糧料判官諱夢齡為太保，祖秘書監諱贊時為太傅，考諱墉為太師，妣謝氏為吳國夫人。公少有大節，于富貴、貧賤、毀譽、歡戚，不一動其心，而慨然有志於天下。常自誦曰：「士當先天下之憂而憂，後天下之樂而樂也」。其事上遇人，一以自信，不擇利害為趨舍。其所有為，必盡其力，曰：「為之自我者當如是，其成與否，有不在我者，雖聖賢不能必，吾豈苟哉！」

天聖中，晏丞相薦公文學，以大理寺丞為秘閣校理。以言事忤章獻太后旨，通判河中府、陳州。久之，上記其忠，召拜右司諫。當太后臨朝聽政，時以（冬）至日大會前殿，上將率百宮為壽。有司已具，公上疏言：「天子無北面，且開後世弱人主以強母后之慚」。其事遂已。又上疏請還政，天子不報。及太后崩，言事者希旨，多求太后時事，欲深治之。公獨以謂太后受託先帝，保佑聖躬，始終十年，未見過失，宜掩其小故以全其大德。初，太后有遺命，立楊太妃代為太后。公諫曰：「太后，

母號也，自古無代立者」。由是罷其冊命。是歲，大旱蝗，奉使安撫東南。使還，會郭皇后廢，率諫官、禦史伏閣爭，不能得，貶知睦州。又徙蘇州。歲餘，即拜禮部員外郎天章閣待制。召還，益論時政闕失，而大臣權幸多忌惡之。居數月，以公知開封府。開封素號難治，公治有聲，事日益簡，暇則益取古今治亂安危爲上開說。又爲《百官圖》以獻，曰：「任人各以其材而百職修，堯、舜之治不過此也」。因指其遷進遲速次序曰：「如此而可以爲公，可以爲私，亦不可以不察」。由是呂丞相怒，至交論上前，公求對，辯語切，坐落職，知饒州。明年，呂公亦罷。公徙潤州，又徙越州。而趙元昊反河西，上複召相呂公。乃以公爲陝西經略安撫副使，遷龍圖閣直學士。是時，新失大將，延州危。公請自守鄜延抵賊，乃知延州。元昊遣人遺書以求和，公以謂無事請和，難信，且書有僭號，不可以聞，乃自爲書，告以逆順成敗之說，甚辨。坐擅複書，奪一官，知耀州。未逾月，徙知慶州。既而四路置帥，以公爲環慶路經略安撫招討使、兵馬都部署，累遷諫議大夫、樞密直學士。公爲將，務持重，不急近功小利。於延州築青澗城，墾營田，複承平、永平廢寨，熟羌歸業者數萬戶。于慶州城大順以據要害，又城細腰、胡蘆，於是明珠、滅臧等大族，皆去賊爲中國用。自邊制久隳，至兵與將常不相識。公始分延州兵爲六將，訓練齊整，諸路皆用以爲法。

　　公之所在，賊不敢犯。人或疑公見敵應變爲如何。
至其城大順也，一旦引兵出，諸將不知所向，軍至柔遠，
始號令告其地處，使往築城。至於版築之用，大小畢具，
而軍中初不知。賊以騎三萬來爭，公戒諸將，戰而賊走，
追勿過河。已而賊果走，追者不渡，而河外果有伏。賊
既失計，乃引去。於是諸將皆服公爲不可及。公待將吏，
必使畏法而愛己。所得賜賚·皆以上意分賜諸將，使自
爲謝。諸蕃質子，縱其出入，無一人逃者。蕃酋來見，
召之臥內，屏人徹衛，與語不疑。公居三歲，士勇邊實，
恩信大洽。乃決策謀取橫山，複靈武，而元昊數遣使稱
臣請和，上亦召公歸矣。初，西人籍爲鄉兵者十數萬，
既而黥以爲軍，唯公所部，但刺其手。公去兵罷，獨得
複爲民。其于兩路，既得熟羌爲用，使以守邊，因徙屯
兵就食內地，而紓西人饋挽之勞。其所設施，去而人德
之，與守其法不敢變者，至今尤多！自公坐呂公貶，群
士大夫各持二公曲直，呂公患之，凡直公者，皆指爲黨，
或坐竄逐。及呂公複相，公亦再起被用，於是兩公歡然
相約戮力平賊，天下之士皆以此多二公。

　　然朋黨之論遂起而不能止。上既賢公可大用，故卒
置群議而用之。慶曆三年春，召爲樞密副使。五讓不許，
乃就道。既至數月，以爲參知政事，每進見，必以太平
責之。公歎曰：「上之用我者至矣，然事有先後，而革弊
于久安，非朝夕可也」。既而上再賜手詔，趣使條天下事，

又開天章閣，召見賜坐，授以紙筆，使疏於前。公惶恐避席，始退而條列時所宜先者十數事上之。其詔天下興學，取士先德行不專文辭；革磨勘例遷以別能否，減任子之數而除濫官，用農桑、考課、守宰等事方施行，而磨勘、任子之法，僥倖之人皆不便，因相與騰口。而嫉公者亦幸外有言。喜爲之佐佑。會邊奏有警，公即請行，乃以公爲河東、陝西宣撫使。至則上書願複守邊，即拜資政殿學士知邠州兼陝西四路安撫使。其知政事，纔一歲而罷。有司悉奏罷公前所施行而複其故。言者遂以危事中之，賴上察其忠，不聽。是時，夏人已稱臣，公因以疾請鄧州。守鄧三歲，求知杭州。又徙青州。公益病，又求知潁州。肩舁至徐，遂不起，享年六十有四。方公之病，上賜藥存問，既薨，輟朝一日。以其遺表無所請，使就問其家所欲爲，贈以兵部尚書，所以哀恤之甚厚。公爲人外和內剛，樂善泛愛。喪其母時尚貧，終身非賓客食不重肉。臨財好施，意豁如也。及退而視其私，妻子僅給衣食。其爲政，所至民多立祠畫像。其行己臨事，自山林處士、裏閭田野之人，外至夷狄，莫不知其名字，而樂道其事者甚眾。及其世次、官爵，志於墓、譜于家、藏於有司者，皆不論著，著其系天下國家之大者，亦公之志也歟。銘曰：

范于吳越，世實陪臣。俶納山川，及其士民。
范始來北，中間幾息。公奮自躬，與時偕逢。

事有罪功，言有違從。豈公必能，天子用公。

其難其勞，一其初終。夏童跳邊，乘吏怠安。

帝命公往，問彼驕頑。其不聽順，鋤其穴根。

公居三年，怯勇隳完。見憐獸擾，卒俾來臣。

夏人在延，其事方議。帝趣公來，以就予治。

公拜稽首，茲維難哉。初匪其難，其在終之。

群言營營，卒壞于成。匪惡其成，惟公是傾。

不傾不危，天子之明。存有顯榮，歿有贈諡。

藏其子孫，寵及後世。惟百有位，可勸無怠。

至和三年二月　翰林學士、尚書吏部郎中、知制誥，充史館修撰歐陽修文翰林學士並侍講、尚書吏部郎中、知制誥、充史館修撰王洙書。

10.范文正公墓誌銘文，宋富弼撰

皇佑四年夏五月二十日甲子，資政殿學士戶部侍郎范公以疾薨于徐。吏走驛馬，以公喪聞，天子感慨，一不禦垂拱殿朝，特贈兵部尚書。太常考行，諡文正。錄孤賻物，悉用加等。中外士大夫駭然相吊以泣，至於岩壑處逸，無不痛惜之。其孤護帷帳還洛，葡以是年十二月一日壬申，葬于河南縣萬安山伊樊裏先隴之側。孤馳使來求銘，將納於竁曰：公之先，始居河內，後徙于長安。唐垂拱中，履冰相則天，以文章稱，實公之遠祖也。四代祖隋，唐末爲幽州良鄉主薄，遭亂奔二浙，家于蘇之吳縣，自爾遂爲吳人。時中原多故，王澤不能逮遠，

於是世食錢氏之祿。蘇州糧料判官夢齡，以才德雄江右，即公之曾王父也。判官生贊時，幼聰警，嘗舉神童，位秘書監，集《春秋》，洎歷朝史為《資談錄》六十卷行于時。秘監生墉，博學善屬文，累佐諸王幕府。端拱初，隨錢椒納國，終武寧軍節度掌書記。公即掌書記之第三子也。朝廷以公貴，用太保、太傅、太師追贈三代，又擇徐、許、越、吳四大國追封王妣陳氏、妣陳氏、謝氏為太夫人。

公諱仲淹，字希文。不幸二歲而孤。吳國太夫人以北歸之初，亡親戚故舊，貧而無依，遂再適朱氏。公既長。未欲與朱氏子異姓，懼傷吳國之心，姑姓朱。後從事于亳，吳國命，始奏而複焉。公少舉進士，祥符八年中第，調廣德軍司理掾，權集慶軍節度推官。制置使舉摧泰州西溪鹽廩，以勞進大理丞。又舉知興化縣、建州關隸，以吳國老疾辭，監楚州糧料院。丁憂去官。服除，晏丞相以文學薦公於朝，試可，署秘閣校理。時章獻皇太后臨政，己巳歲冬至，上欲率百僚為壽，詔下草儀注，搢紳失色相視，雖切切口語而畏憚，無一敢論者。上又專欲躬孝德以勵天下，而未遑餘卹。公獨抗疏曰：人主北面是首，顧居下。矧為後族強偪之階，不可以為法。或宮中用是為家人禮，權而卒於正，斯亦庶乎其可也。疏奏，遂罷上壽儀。然后頗不懌，尋出為河中府通判，轉殿中丞。謀葬吳國，再請通判陳州。遷太常博士。聞

京師多不關有司而署官賞者，訪焉，出於中旨，迺附驛
奏，疏甚懇至，願以上官賀屢事爲戒。明年章獻后棄長
樂，擢爲右司諫。屬朝廷用章獻遺令，策太妃楊氏爲皇
太后，與政。制出，都下詢詢。公上疏，極諫：王者立
太后，所以尊親也，不容冀幸於其間。未聞武武相躡，
一二而數，況複稱制以取惑天下耶？臣恐後世有以窺之
者。上悟，第存后「位號而止。公彌補闕失，無所阿忌，
貴幸仄目，不欲久留諫職。因江淮饑，以才命公體量安
撫。雖別領走外，亦懇懇不忘憂國，途中上《時弊十事》，
皆政教之大者。累月還朝，適議廢郭后，公上書曰：后
者君稱，以天子之配至尊，故稱后，后所以長養陰教而
母萬國也。故系如此之重，未宜以過失輕廢立。且人孰
無過，陛下當面諭后失，放之別館，揀妃嬪之老而仁者
朝夕勸導，俟其悔而複其宮，則上有常尊而下無輕議矣。
書奏不納，明日又率其屬及群禦史，伏閤門論列如前日
語。上遣中貴人揮之，令詣中書省。宰相窘，取漢唐廢
后事爲解。時呂夷簡爲相，公曰：陛下無資如堯舜，公
宜因而輔成之，奈何欲以前世弊法累盛德耶？中丞孔道
輔名骨鯁，亦扶公，論議甚切直。又明日晨，率道輔將
留百辟班，挹宰相廷辨，抵漏舍。會降知睦州，台吏促
上道。在郡歲余，知蘇州。朝廷知清議屬公，就拜禮部
員外郎、天章閣待制，召還。有入內都知閻文應者，專
恣不恪，事多矯旨以付外，執政知而不敢違。公聞之，

不食，將入辨，謂若不勝，必不與之俱生，即以家事屬長子。明日盡條其罪惡聞於上。上始知，遽命竄文應嶺南，尋死於道。公自還闕，論事益急。宰相陰使人諷公：待制主侍從，非口舌任也。公曰：論思者，正侍臣之事，予敢不勉？宰相知不可誘，乃命知開封府，欲撓以劇煩而不暇他議，亦幸其有失即罷去。公處之采月・威斷如神，吏縮手不敢舞其奸，京邑肅然稱治。于時官方無紀，每對未嘗不爲上力陳治亂之道，皆由用人得失，此實宰相之職也。天子日擁萬幾，非所宜專，然不可以不察。因取職局官品，以類選次。至於超遷序進，附見其下，爲圖以獻，庶上易覽。宰相益不悅，嗾其党短公於上前，公亦連詆宰相不道，不行不肯已，坐是去閣職，貶知饒州。是日上封事移書論公以忠義獲譴，極道所不可者，皆當世英豪，宰相指爲朋，相繼謫去。治饒未久，徙潤，又徙越。

寶元初，羌人壓境叛，間歲悉眾寇延州，太將戰沒，關中警嚴，於是還公舊職，移知永興軍，道授陝西都轉運使。議者謂將漕之任，不預戎事，遂改充經略安撫副使，乃遷龍圖閣直學士、吏部員外郎以寵之。至部，首按鄜延。時延安始困兵火，障戍掃地。城外即寇壤，歸然孤壘，人心危恐，廢食待竄。凡朝廷追守，皆以事避免，遷延不時往。公遂留不行，騎奏願兼領延州事，以待寇之複來，上嘉而從之。屬亡戰日久，兵無紀律，猝

有外警，蕩然不支。公於是大閱州兵，得萬八千人，析為六將，分命神佐訓敕。不數月，舉為精銳，士氣大振‧莫不思戰。而寇知我有備，即引去。朝廷推其畫諸路，諸路皆以為法。力城青澗，複散亡屬羌萬餘帳，開營田數千頃以收軍實。人視延塞，其完固如山立不可動。謂宜討賊，不可坐守老吾師。朝廷下其議，將從之，公執猶以為未也。無幾，涇原師出，敗于好水川，天子由是益信公智謀過人遠甚。前此賊以書署僭號遺公請和，公不忍俾朝廷報賊，乃自占答。黜其僭署，為陳逆順禍福，立遣使者還。未出境，聞好水敗，始悟賊書譎而非誠，益自信立報。為是執政以公擅報罪當誅。上知亡其責，止命削一官，降知耀州。幾月，拜戶部郎中，起知慶州，尋遷左司郎中、本路經略安撫招討使，兼兵馬都部署。有馬砦者，素為賊沖，然地與境相沖，久不能城。公至，自領牙兵，出不意駐柔遠砦，別造蕃將取其地。得之，先命長子人據以率眾，公亦親往勞士。有頃，賊三萬騎叩城下，公麾兵血戰，則遫北，戒諸將勿追，己而果有伏，夜遁。城既立，詔名大順。徐又城細腰，複胡盧等砦，招明珠、滅臧二強族各萬餘人及並環千餘帳內附。自此環慶屬羌，悉為吾用。先是卒驕難使，主將咸務姑息。公築廷慶諸城堡，募民不足，乃雜使禁旅，蓋素服公威惠，勞苦雖且死不怨。久之，涇原師再喪定川，關輔複震，而虞變生，公知，親率戲下兵連夜赴援，且將

邀賊歸路擊之。會已出塞,遂班師,因移其兵耀于關輔,
人心於是大定。初,定川事聞,上頗駭,謂侍臣曰:得
范某出援,吾無憂矣。數日公奏至,上大喜,懷其章示
執政曰:吾知范某可用,加樞密直學士、右諫議大夫。

　　時朝廷以戍卒屢衄,議黥鄉人為軍,人懼甚,竄匿
不願黥。公改命涅刺其手,非校戰,請農於家。後罷兵,
獨環慶路鄉軍得複為民,民德公至於今不忘。朝廷尋盡
以西路委公,置府於涇州,授陝西四路經略安撫招討使。
方謀取橫山故地,漸複靈、夏,然後可以誅賊。賊知亡
無日,懼不克當,因遣使講和。明年春,召公為樞密副
使,凡五讓不從,乃拜之。輿議謂公有經綸之才,不宜
局於兵府。是秋改參知政事。上倚公右于諸臣,公亦務
盡所蘊以圖報。然天下久安則政必有弊者,三王所不能
免。公將劘以歲月而人不知驚,悠久之道也。上方銳於
求治,間數命公條當世急務來。公始末奉詔,每辭以事
大不可忽致。於是露熏,降手詔者再,遣內臣就政事堂
督取,開龍圖閣給筆箚,令立疏者各一,日日面詰者不
可數。退曰:吾君求治如此之切,其暇歲月待耶?即以
十策上之,蓋取士、課吏、減任子、更衛兵、擇守宰、
謹敕令·厚農桑之類者。又先時別上法度之說甚多,皆
所以抑邪佞,振綱紀,扶道經世,一一可行。上覽奏褒
納,益信公忠耿,不為身謀衈也,遂下二府促行。論者
漸齟齬不合,作謗害事。公知之如不聞,持之愈堅。明

年秋，邊奏疑若有警者，公慮帥臣恃和而懈，因懇請按邊。即命河東陝西宣撫使。麟州向者亦被寇掠，邈然在賊腹中，本道帥病無供餉，奏欲棄之。公曰：麟棄，疆場日蹙，不可。請複廢障，使民耕於鄙，於是得不棄。又代西四州軍附邊，有廢地尤廣，著令禁不得耕，郡縣以敵嫌不敢正視。

前歐陽修來使，盡籍其利害，請馳禁，許人耕以輸，可代轉挽之勞，以帥議不協罷。公至，於其利大且亡所嫌者，屢奏如修議便，後止耕岢嵐一境，而塞粟已充矣。公既度陝，以西羌好難保而邊計尚缺，疏手奏願解政事，複領四路以總護諸將，即除授資政殿學士知邠州兼陝西四路安撫使。以疾請鄧，許，遷給事中。三年，又請浙郡，因得展先臣之墓。移杭州，加禮部侍郎。祀明堂，汎遷戶部，又移青州。兼東路安撫使。幾歲，疾病，又請潁。肩輿至彭門，遂不起，年六十四。

公為學好明經術，每道聖賢事業．輒跂聳勉慕，皆欲行之於己。自始仕，慨然有康濟之志。凡所設施，必本于仁義而將之以剛決，未嘗為人屈撓。曆補外職，以嚴明馭吏，使不得欺，於是民皆受其賜。立朝益務勁雅，事有不安者，極意論辨，不畏權幸，不蹙憂患。故屢亦見用，然每用必黜之。黜則欣然而去，人未始見其有悔色。或唁之，公曰：我道則然，苟尚來遂棄，假百用百黜，亦不悔。噫！如公，乃韓愈所謂通道篤而自知明者

也。在陝西尤為宣力。以儒者奉武事，又邊備九廢忽，而王師新敗，剝喪破漏，莽乎無所取濟。公周施安集，坐可守禦，蓄銳觀釁，適圖進討。會羌人複修貢，朝廷始議息兵而乃從其請，於是不能成殲滅之功。然其閱武練將可以震敵，城要害屬雜羌可以扼寇，此後世能者未易其過也。至於墾田阜財，立法著信，愛民全國體‧赫赫在人耳目，皆可為破敵之地者，又可道哉！其歷二府，纔歲餘而罷。若夫天下至重，九安之弊至深，而欲以一二歲臨之而望治，雖愚者知其不可得，況所奏議阻而不行者十八九，行者又即改廢不用，茲所以重主憂而生民未得安也。宣撫之初，讒者乘間鋒起，益以奇中造端飛語，亡所不及，甚者必欲擠之，死而後已。賴上寬度明照，知公無他，始終保全，獲歿牖下。嗚呼！道之難行也，而至是乎！憸人苟欲伸己志而不志乎邦家，此先民所以甘藜藿而蹈江海也。

公天性喜施與，人有急必濟之，不計家用有無。既顯，門中如貧賤時，家人不識富貴之樂。每撫邊，賜金良厚，而悉以遺將佐。在杭，盡余俸買田于蘇州，號義莊，以聚疏屬。而斂無新衣，友人醵資以奉葬。諸孤無所處，官為假屋韓城以居之。遺表不幹私澤，此益見其始卒志於道，不為祿位出也。作文章尤以傳道名世，不為空文，有文集二十卷、奏議若干卷，兩府論事若干卷。娶李氏，故參知政事昌齡之姪，封金華縣君，卒于鄱陽，

今舉而祔焉。四子：純祐，守將作監主簿，少有氣節，以疾廢於家；純仁，進士第光祿寺丞；純禮，太常寺太祝，皆溫厚而文。識者曰：范氏有子矣。三女：長適殿中丞蔡交，次適封邱主簿賈蕃。諸孫三，長正臣，守將作監主簿。一男純粹，一女二孫幼。銘曰：

公之世系，源于陶唐。晉會食范，闕姓始彰。

睢痤蠡增，滂寧雲質。茲惟聞人，間代而出。

或霸或季，所有何述。粵自得姓，千五百年。

獨公挺生，爲天下賢。涉聖之余，揭厲迥沿。

道尊德融，事公實繁。人獲一善，已謂其難。

公實百之，如無有然。遭時德君，位亦顯焉。

罹此讒慝，志莫究宣。元元卒艱，噫嘻乎天！

第三部
師法范仲淹景行與情操

前言

　　「公天性喜施與，人有急必濟之，不計家用有無。既顯，門中如貧賤時，家人不識富貴之樂。每撫邊，賜金良厚，而悉以遺將佐。在杭，盡余俸買田于蘇州，號義莊，以聚疏屬。而斂無新衣，友人醵資以奉葬。諸孤無所處，官爲假屋韓城以居之。遺表不干私澤，此益見其始卒志於道，不爲祿位出也。作文章尤以傳道名世，不爲空文，有文集二十卷、奏議若干卷，兩府論事若干卷。娶李氏，故參知政事昌齡之姪，封金華縣君，卒于鄱陽，今舉而祔焉。四子：純祐，守將作監主簿，少有氣節，以疾廢於家；純仁，進士第光祿寺丞；純禮，太常寺太祝，皆溫厚而文。識者曰：范氏有子矣。三女：長適殿中丞蔡交，次適封邱主簿賈蕃。諸孫三，長正臣，守將作監主簿。一男純粹，一女二孫幼」。以上這段是其好友富弼爲范仲淹寫墓誌銘內對於范仲淹的爲人所作的描述，筆者認爲最正眞，因此列於此做爲研究范仲淹的根基。

　　范仲淹性喜施與，既顯如貧賤時，賜金悉遣將佐，盡餘奉置義庄，斂無新衣，諸孤無所處，遺表不為私澤，此乃始卒志於道之文人志節所呈現的清風亮節，以下三節靈鳥賦，上資政晏侍郎書，閻文應、呂夷簡、范仲淹等三節的敘述庶幾足以說明文人志節表現之一二也。

論文人志節

　　范仲淹忠誠為國，衷心為民，因此只要朝廷或皇帝有甚麼作為有違禮教的都會上書表表達意見及建議應如何作為，因為這種只對事不對人的個性，得到很多人不以為然，甚至三次被貶外放當官或自請外放，提拔他的晏殊時為資政侍郎，也說他不宜堅持己見讓提拔的人難以為人，為此范仲淹寫一封上資政晏侍郎書，其中有很多見解說明。

　　看到這種個性宜應有所改的好友梅堯臣，寫一首《啄木》詩和一首《靈鳥賦》給他，希望他不要學烏鴉的嘴一樣的說個不停，說「烏兮爾靈，吾今語汝，庶或汝聽：結爾舌兮鈐爾喙，爾飲喙兮爾自遂。同翱翔兮八九子，勿噪啼兮勿睥睨，往來城頭無爾累」做官就不會很累。

　　范仲淹回信說「梅君聖俞作是賦，曾不我鄙，而寄以為好。因勉而和之，庶幾感物之意同歸而殊塗矣」。范

仲淹在答友人梅堯臣的《靈烏賦》[77]中強調的「寧鳴而死，不默而生」，更是彰顯了古代士大夫爲民請命的凜然大節。

然而從現今角度來看，大公司裡會議上需報告者，或被質詢者，或被指定回答者，他們平時在自己崗位上認眞工作，如有像范仲淹這樣公忠體國者，一定對於公司所見所聞或研究報告爲其他單位改進提供建議，或寫簽呈給董事長總經理做書面建議。如范仲淹在上早朝與皇帝文武百官一齊早朝會議，或者在自己官位單位認眞工作，並對宰相及執事者上書建議，或呈給皇上等一樣，他們都很熱心熱誠，憂心公司的發展及自我單位可能受影響而提出建議，這是屬於極深層的做爲，受文者看了之後對來文者一定有深刻印象，成了交心的同僚或同事，長官與部屬間更能建立深厚的信任感，這種動力非有對公司機構單位熱愛，忠誠是無法做出來的，因爲一

---

77 https://www.1sqww.com/zh-hk/chuantongguoxue/gwmz/273677.html
烏之謂靈者何？噫，豈獨是烏也。夫人之靈，大者賢，小者智。獸之靈，大者麟，小者駒。蟲之靈，大者龍，小者龜。鳥之靈，大者鳳，小者烏。賢不時而用智給給兮，爲世所趄；麟不時而出駒流汗兮，擾擾於修途。龍不時而見龜七十二鑽兮，寧自保其堅軀。鳳不時而鳴烏鴉鴉兮，招唾罵於邑閭。烏兮，，事將兆而獻忠，人反謂爾多兇。
兇不本於爾，爾又安能兇。兇人自兇，爾告之兇，是以爲兇。爾之不告兮，兇豈能吉？告而先知兮，謂兇從爾出。胡不若鳳之時鳴，人不怪兮不驚。龜自神而剖殻，駒負駿而死行，智驚能而日役，體勄勄兮喪精。鳥兮爾靈，吾今語汝，庶或汝聽：結爾舌兮鈐爾喙，爾飲喙兮爾自遂。同翺翔兮八九子，勿噪啼兮勿睢睨，往來城頭無爾累。

般人多半是顧好自己單位的一切就好，對於別單位不會
去關注，對於總經理董事長的立場則有找過來再說，不
會主動提建議。

會議上如果是幕僚單位，如財務長、生產督導、品
質負責、製造技術等，在單位主管報告完後，都要主動
站起來，對於主管單位的相對業務應行改善及注意事項
主動報告讓主管或總經理董事長等比對了解。

范仲淹任大理寺丞可以看到很多現況下的事件如
何可避免及改善了解許多，任右台諫當然言官，更應積
極的提出建議，這是范仲淹忠誠爲國，衷心爲民的心志
呈現出來的文人志節。

事情發生的經過是這樣的

范仲淹妻子李氏病死在饒州，他自己也得了重病，
在附近做縣令的梅堯臣，寫了一首《啄木》詩和一首《靈
烏賦》給他，勸范仲淹學報喜之鳥，不要像烏鴉那樣立
《靈烏賦》[78]給梅堯臣，斬釘截鐵的表示，「寧鳴而死，

---

[78] 梅君聖俞作是賦，曾不我鄙，而寄以爲好。因勉而和之，庶幾感物之
意同歸而殊塗矣。「靈烏靈烏，爾之爲禽兮，何不高翔而遠翥?何爲號
呼於人兮，告吉凶而逢怒?方將折爾翅而烹爾軀，徒悔焉而亡路」。彼
啞啞兮如訴，請臆對而心諭：「我有生兮，累陰陽之含育；我有質兮，
處天地之覆露。長慈母之危巢，託主人之佳樹。斤不我伐，彈不我僕。
母之鞠兮孔艱，主之仁兮則安。度春風兮，既成我以羽翰；眷庭柯兮，
欲去君而盤桓。思報之意，厥聲或異。警於未形，恐於未熾。知我者
謂吉之先，不知我者謂兇之類。故告之則反災於身，不告之者則稔禍
於人。主恩或忘，我懷靡臧。雖死而告，爲兇之防。亦由桑妖於庭，
懼而修德，俾王之興；雊怪於鼎，懼而修德，俾王之盛。天聽甚邇，人

不默而生」，和「先天下之憂而憂，後天下之樂而樂」同
為世人所千古傳頌。

大鳴大放

范仲淹評事以理！理直則與宰執當仁而論辯，雖經
三度貶職，范仲淹亦無所怨懟。請看看這幾年范仲淹的
為官歷程：

1015 年 27 歲中進士榜，在廣德軍任司理參軍，1021
年調兼泰西溪鹽倉，因為收鹽稅時看到百姓的苦狀源自
於捍海堰失修，於是上書發運副史張綸說明源由，得其
認同轉而支持推薦於 1025 年轉知興化縣及 1026 年徙監
楚州糧料院，以便取得更多資源，修妥泰州捍海堰。因
為他主張提出修妥預算案後人稱為范公堤。於 1028 年
（40 歲）共二年完成。

1024 年 36 歲結婚遷大理寺丞，1026 年丁母憂，張
綸與滕宗亮的協助終於完成。於 1028 年（40 歲）十二

言曷病。彼希聲之鳳皇，亦見譏於楚狂；彼不世之麒麟，亦見傷於魯人。
鳳豈以譏而不靈，麟豈以傷而不仁？故割而可卷，孰為神兵；焚而可變，
孰為英瓊。寧鳴而死，不默而生。胡不學太倉之鼠兮，何必仁為，豐
食而肥」。

「倉苟竭兮，吾將安歸？又不學荒城之狐兮，何必義為，深穴而威。城
苟圮兮，吾將疇依？寧驥子之困於馳驚兮，駑駘泰於芻養。寧鵷鶵之飢
於雲霄兮，鴟鳶飫乎草萊。君不見仲尼之雲兮，予欲無言。累累四方，
曾不得而已焉。又不見孟軻之志兮，養其浩然。皇皇三月，曾何敢以
休焉。此小者優優，而大者乾乾。我烏也勤於母兮自天，愛於主兮自
天；人有言兮是然，人無言兮是然」。

月，范仲淹守喪期滿，經晏殊推薦，召爲秘閣校理[79]，躋身館職。

早在天聖三年（1025 年），當還是小小的大理寺丞時，位卑言輕的范仲淹便給垂簾聽政的章獻太后和仁宗，呈上了一份《奏上時務書》，提出救文弊以厚風俗，整武備以御外患，重館選以養人才，賞台諫以開言路等建議；天聖五年（1027 年），范仲淹在丁母憂期間，他「不以一心之戚，而忘天下之憂」，冒哀給朝廷上了一份萬言書——《上執政書》，針對貧病交加的時弊，他提出了「固邦本，厚民力，備戎狄」等六條改革主張。宰相王曾收到萬言書後，大爲賞識，立即授意晏殊推薦范仲淹應學士院試[80]。

1028～1036（40～48 歲）這其間發揮極大的忠心體國提出建議，並與宰相力論，天聖七年（1029），41 歲上書諫仁宗率百官行拜賀太后壽儀，後又疏請太后還政，疏入不報，**遂自請補外**，出爲河中府通判。

天聖八年 1030 年三月，42 歲，上書請罷修寺觀，裁併郡縣。上書晏殊，對晏殊責以輕率上書，唯恐累及舉主之說，表明心跡。五月上書呂夷簡，議論即將舉行的制科。

明道元年，1032 年二月，44 歲，仁宗生母李辰妃

[79] https://zh.wikipedia.org/wiki/%E7%A7%98%E9%96%A3
[80] https://kknews.cc/history/mmb?r8g.html

卒；仲淹屢上奏疏，勸以唐中宗朝上官婕妤、賀婁氏賣
墨敕斜封官事爲鑒[81]。

明道二年，1033 年三月，45 歲，劉太后薨，仁宗親
政。四月，范仲淹被召回京任右司諫。上疏諫不應立楊
太妃爲太后，又建議全劉太后之德，勸帝恪盡子道。與
孔道輔（986～1039）率台諫官伏合請對，力諫廢郭后，
被貶外放，出守睦州。

景佑二年，1035 年十月，47 歲，擢禮部員外郎、除
天章閣待制。召還京判國子監。十二月，進吏部員外郎，
權知開封府。時郭皇后暴卒，輿論疑內侍閻文應下毒，
仲淹奏劾之，閻被貶嶺南，死途中。

景佑三年，1036 年五月，48 歲，上疏論營建西都洛
陽事，呂夷簡譏爲迂闊近名。上百官圖，指斥宰相用人
失當，又上四論，呂夷簡反訴仲淹「越職言事，薦引朋

---

81 依唐朝定制，官員的任命需經過中書省提名和門下省核對放可下發任
命敕書。皇帝和宰相掌管五品以上的官員之受職和遷轉，以及六品以
下的一些清要官職的任命權，吏部則主要主持六品以下官員之受職升
遷。

但是唐中宗受武則天專制影響，也不經兩省而逕自封拜官職。但他心
怯，自覺難爲情，故他裝置詔敕的封袋，不敢照常規樣式封發，而改
用斜封。所書「敕」字，也不敢用硃筆，而改用墨筆，此即表示此項
命令未經中書門下兩省，而要請下行機關馬虎承認之意。當時稱爲「斜
封墨敕」。

當時唐中宗私下所封之官，時人稱之爲「斜封官」，起初斜封官爲一般
人所看不起，「凡數千員。內外盈濫，無廳事以居。」此事在當時便認
爲不妥，值得大書特書。「睿宗立，罷斜封官千餘人，俄詔復之。」其
後，斜封官與使相至中晚唐日益冗濫。斜封官通常在官銜之前冠上
「正」、「試」、「攝」、「檢校」、「判」、「知官」等名目。

黨，離間君臣」，貶知饒州（今江西鄱陽縣）。余靖（1001
～1047）、尹洙（1000～1064）論救，歐陽修切責高若訥
（997～1055），相繼貶外，士論榮之；蔡襄（1012～1067）
作《四賢一不肖》詩，朝野傳誦。史稱景佑黨爭。仲淹
貶外，都門餞送者僅李紘、王質（1001～1045）二人。

上資政晏侍郎書

　　范仲淹上萬言書為當時宰相王曾賞識，遂叫晏殊連
繫了解，然後引導范仲淹參加殿試，因此晏殊乃是范仲
淹的指導教授老師，其在官場為官可說是得晏殊的協
助，因此當范仲淹上封章言朝廷禮儀事後，為晏殊招來
問詳說為這件事，讓人議論非忠非直，但好奇邀名而已，
如果一直這樣不停歇，簡直是連累推舉你的人，如原文
「某近者伏蒙召問：「曾上封章言朝廷禮儀事，果有之
乎？」某嘗辱不次之舉，矧公家之事，何敢欺默，因避
席而對曰：「有之。」遽奉嚴教云：「爾豈憂國之人哉！
眾或議爾以非忠非直，但好奇邀名而已。苟率易不已，
無乃為舉者之累乎？」某方一二奉對，公曰：「勿為強
辭！」

　　某不敢犯大臣之威，再拜而退」。之後再三思之，發
現以為晏殊會恐怕范仲淹沒有金石之堅的忠，沒有藥石
的好值，沒有天下奇才的才，沒有泰山之高的名氣，因

而不符合晏侍郎薦舉自己的資格於先，今變而成為尤物，累壞這個清舉。范仲淹想到如此心裡大驚，晏侍郎認為自己是侮辱來源，如果不辨明白，那會讓官場各個大人責讓晏侍郎失責舉薦范仲淹，那麼我范仲淹如何能面對師門呢？請准我露出肝脊骨於萬一，由晏殊採擇，讓我范仲淹進不為賢人所疑，退不為賢人之累。原文如

「退而思之，則自疑而驚，曰：「當公之知，惟懼忠不如金石之堅，直不如藥石之良，才不為天下之奇，名不及泰山之高，未足副大賢人之清舉。今乃一變為尤，能不自疑而驚乎？」且當公之知，為公之悔，儻默默不辨，則恐搢紳先生誚（音巧四聲 責讓）公之失舉也，如此，某何面目於門牆哉？請露肝臂（音呂 脊骨）之萬一，皆質於前，志非敢左右其說，惟公之采擇，庶幾某進不為賢人之疑，退不為賢人之累，死生幸甚！死生幸甚！」

范仲淹的論點摘要如下：

1. 我范仲淹沒有天賦之智，只信聖人的書，法古人的行為，對上以誠伺君，對下以誠待民，在君子聖人求天下建言之際，共襄盛舉。

2. 聞昔者聖人求天下之言以共理天下，於是命百官箴闕，百工獻藝，則大臣、小臣無非諫也，建善旌、立諫鼓，諮芻蕘、采謠詠，斯則何遠何近，咸可言也，此誠歷代令王懼上有所未聞，下有所未達，特崇此道以致天下之言，俾九重之深無所蔽也。

北宋能臣
范仲淹

3. 衛顗曰:「非破家為國,殺身成君者,誰能犯顏色,觸忌諱,建一言哉?」亦忠臣之分也,聞事君有犯無隱,有諫無訕,殺其身,有益於君則為之。

4. 我范仲淹登進士第,從幕府到了宰字,屬於九卿[82]之位,應不是平民,我能不提意見麼?如果說非近臣不當諫,伯夷叩馬諫武王,豈近臣哉?於穎考叔、曹劌、杜蕢、絃高、魯仲連、梅福等賢人,都是遠在民間的謀國者,前史嘉之,何況國家認為晏侍郎清舉我范某,安排在近閣同文館之類,則我范仲淹事君於此,非遠臣也。

5. 說我范仲淹未及而言,謂之躁。今國家招百官轉對,使明言聖躬之過失,宰司之缺點疏忽,如不能面對而言則用封章奏以聞,我范仲淹不是未及而言。

6. 說我好奇是過失,那麼「伊尹負鼎、太公直釣、仲尼誅侏儒以尊魯、夷吾就縲絏而霸齊、藺相如奪璧於強鄰、諸葛亮邀主於敝廬」這些前代聖賢,非不奇也,我恨好奇沒有他們的高竿呢?

7. 說我范仲淹邀名是過失,道家說「為善無近名」,是道

---

82 九卿言其官職完備。
奉常,掌管宗廟禮儀,地位很高,屬九卿之首;郎中令,掌管宮殿警衛;衛尉,掌管宮門警衛;太僕,掌管宮廷御馬和國家馬政;廷尉,掌管司法審判;典客,掌管外交和民族事務;宗正,掌管皇族、宗室事務;治粟內史,掌管租稅錢穀和財政收支;少府,掌管專供皇室需用的山海池澤之稅及官府手工業。

家自全之論，怎可做爲治天下之尊呢？不尊崇名教，那麼君子說堯舜不足仰慕，桀紂不足以怕，爲人臣者說八元不必尊崇，四兇沒有甚麼恥，天下還有善人麼？「人不愛名，則聖人之權去矣。《經》曰立身揚名，又曰：「善不積，不足以成名」，又曰：「恥沒世而名不稱」，又曰：「榮名以爲寶」」我范仲淹怕是邀名而邀不來也。

8. 古云「天生蒸民，各食其力，惟士以有德，可以安君，可以庇民，於是聖人率民以養士，《易》曰：「不家食吉」，如其無德，何食之有」？我范仲淹歲受奉祿雖僅三十萬，我怎可以無功呢？

9. 我范仲淹現在的職務在校對文字，發現都是荒唐詭妄之書，我范仲淹在此供職絕無補益，既無能救斯文之弊，又無法庇護斯人之德，實在是無功而食矣！所可薦於君者，只有忠言之路而已！

10. 我范仲淹看五帝三王時，對崇尚德行者給予爵位，以奉祿回報臣之功勞，沒有對無功者賞賜，舜禹之時重其言而行之，春秋時舉賢之賞，唐文皇賞孫伏伽之諫但並未行之太久，現朝廷必定想要有道的言詞，如能「下不冒上之寵而直其辭，上不疑下之躁而重其說，此政教大利也」。

11. 我范仲淹昨輒言國家多至上壽之禮者，這樣也有罪，定是相信我范仲淹想以僥幸的心理追求得到某種利益。然而我范仲淹經一死以重萬代之法建議「請皇帝

率親王、皇族於內中上皇太后萬壽，請詔宰臣率百僚
於前殿上兩宮聖壽，實無減皇太后尊崇之威，又足存
皇帝貴高之體。蓋一人與親王、皇族上壽於內，則母
子之義親，君臣之禮異，與百僚上壽於外，則是行君
臣之儀，非敦母子之義，在今兩宮慈聖仁孝之德而行
此典，則未見其損，奈何後代必有舅族強熾，竊此為
法以仰制人主者矣。聖朝既不能正之，使後代忠臣何
所執議？」

12.「某謂禮樂等數[83]，沿革可移，帝王名器，乾坤定矣，
豈沿革之可言哉」？若說我范仲淹不知聖人之權，則
「孔子何以謂晉文公譎而不正，以臣召君不可以訓」。

13.「某天拙之效，不以富貴屈其身，不以貧賤移其心，
儻進用於時，必有甚於今日，庶幾報公之清舉。如求
少言少過，自全之士，則滔滔乎天下皆是，何必某之
舉也」！范仲淹說天下士有兩種，一種是「我發必危
言，立必危行，王道正直，何用曲為？」另一種是「我
遜言易入，遜行易合，人生安樂，何用憂為？」如果
我范仲淹以遠臣而說議不是忠於國者，有話直說不是
直，那麼從今而後我范仲淹將不知何所從守矣。如果
侍郎認為我范仲淹言辭志向尚為可教，能使我范仲淹
竭誠於當時，發光於將來，我范仲淹將窮一生報答恩

---

83 古代按名位而分的禮儀等級制度。亦指官階品級。

德，反之，我范仲淹爲不可教，那麼請伺郎廣爲宣達
於朝，讓我范仲淹無前進之途，憑此來書提出議責，
加以黜辱，免除累及賢人，我范仲淹也從此引退省過，
我范仲淹也不敢以這一責議而忘卻伺郎知恩於我，報
答恩德之心也永不忘懷。伺郎乃天下所望之賢人，「願
論道之餘，一賜鑒慮，與其進，則天下如某之徒，皆
不召而進矣；與其退，則天下如某之徒，皆不斥而自
退矣。決天下進退者，其在公一言乎」！

閻文應、呂夷簡、范仲淹

公自還闕，論事益急。宰相陰使人諷公：待制主侍
從，非口舌任也。公曰：論思者，正侍臣之事，予敢不
勉？宰相知不可誘，乃命知開封府，欲撓以劇煩而不暇
他議，亦幸其有失即罷去。公處之朵月・威斷如神，吏
縮手不敢舞其奸，京邑肅然稱治。于時官方無紀，每對
未嘗不爲上力陳治亂之道，皆由用人得失，此實宰相之
職也。天子日擁萬幾，非所宜專，然不可以不察。因取
職局官品，以類選次。至於超遷序進，附見其下，爲圖
以獻，庶上易覽。宰相益不悅，嗾其党短公於上前，公
亦連詆宰相不道，不行不肯已，坐是去閣職，貶知饒州。
是日上封事移書論公以忠義獲譴，極道所不可者，皆當
世英豪，宰相指爲朋，相繼謫去。治饒未久，徙潤，又

北宋能臣
范仲淹

徙越。（富弼爲范仲淹寫的墓誌銘）

范仲淹景佑二年（1035 年）十一月以天章閣待制權知開封府，其內剛外和，決事如神，京師謠曰：「朝廷無憂有范君，京師無事有希文」1036 年五月貶知饒州。

包拯嘉佑二年（1057 年）三月以龍圖閣直學士權知開封府。立朝剛毅，權貴斂手，吏不敢欺。嘉佑三年（1058年）六月去職，任期一年零參月，由歐陽修繼任。

北宋宦官閻文應。開封府（今河南省開封市）人。給事掖庭，在嬪妃宮中侍奉，積遷至入內副都知（簡稱內侍總管）。後歷任昭宣使、恩州團練使，後加一級爲嘉州防禦使。

宋仁宗親政時內侍總管與宰相呂夷簡計劃要罷免劉太后劉娥垂簾時所任命的大臣，郭皇后說呂夷簡也是依附劉太后者，結果一起被罷免掉，呂夷簡得知後心起怨恨。當時楊美人、尚美人得寵，尚美人在仁宗面前有言語得罪皇后，皇后要打尚美人，宋仁宗保護尚氏，皇后失手抓傷仁宗脖頸。宋仁宗大怒，把抓痕給執政大臣看，打算廢黜皇后。當時宰相呂夷簡遂和閻文應乃乘隙合力廢郭后。

右司諫范仲淹認爲郭皇后無大錯，不應廢黜。然而仁宗決心已定，將郭皇后廢爲淨妃，囚居於瑤華宮。閻文應請求皇帝將楊美人、尚美人送出宮去，尚氏廢爲女道士，楊氏別宅安置。仁宗既而後悔，想要復立郭后，

閻文應挾太醫診治,使郭后暴死。

郭皇后之死,中外都懷疑是閻文應下毒。仁宗礙於物議,將閻文應出爲秦州(今甘肅天水市)鈐轄,二日後改爲鄆州鈐轄,其本官自昭宣使、恩州團練使加一級爲嘉州防禦使。閻文應則藉口有疾在身,不肯離開京師。

范仲淹義憤填膺,拚死劾奏閻文應之罪,仁宗無法,只得將之逐出宮外。景祐四年四月二十三日,自鄆州徙潞州鈐轄,改相州(今河南安陽市)鈐轄;寶元二年(1039年)九月十五日,卒於相州鈐轄任上。死後贈邠州觀察使[84]。

上述事件記於富弼所寫的墓誌銘:「有入內都知閻文應者,專恣不恪,事多矯旨以付外,執政知而不敢違。公聞之,不食,將入辨,謂若不勝,必不與之俱生,即以家事屬長子。明日盡條其罪惡聞於上。上始知,遽命竄文應嶺南,尋死於道」。

能吏與政績:
修築捍海堰、蘇州治水、杭州賑災

范仲淹每看到一個地方該改善的立即進行實踐,做到完全改善爲止,這是一個難得一見的能吏,也因此政

---

84 https://zh.wikipedia.org/wiki/%E9%96%BB%E6%96%87%E6%87%89

績著著。捍海堰就是當溪州鹽倉收稅時,看到縣內居民苦況如何能收得到,他就找出根結所在是州縣與海界邊唐朝時有一捍海堰,年久失修結果海水灌了進來,農作受阻,鹽物也不能製作,居民生活苦狀難以形容,於是報告長官、上書張右丞知白[85]、皇帝,建議一定要做成捍海堰。多方奔波終於得到轉運副使張綸全力支持,前前後後花了兩年時間才修成,其中又碰到母親先逝,然仍得到長官支持替代主持進行。

幸好張綸也是個好上司,為了支援堤壩建設,他再次奏請朝廷讓范仲淹監楚州糧科院,也好讓他能有權調用國庫糧草,為工程所用。天有不測風雲,正當修堤工程進行得如火如荼時,冬季雨雪來臨,海潮意外湧來,衝垮了堤壩,吞沒了正在施工的一百多個民工,工程被迫停工。好在滕子京聞訊趕來,帶著士兵沖到一線,這才穩住陣腳。

經過一番波折,綿延數百里的捍海堰終於修建完成。堤外曬鹽,堤內種糧,給整個泰州周邊的沿海地區提供了一個安全的屏障。而築堤取土又形成了一條與堤壩平行的大河,此河便是貫穿南北的鹽運河。至此,受

---

[85] 上張右丞(知白)書:乾興元年十二月日,文林郎、試秘書省校書郎、權集慶軍節度推官、監泰州西溪鎮鹽倉范某,謹齋戒選日,裁書拜于右丞閣下。內容提到「今復吏於海隅岊燹之中,與國家補錙銖之利,緩則罹咎,猛且賊民,窮荒絕島,人不堪其憂,尚何道之可進」!

災百姓可以重返家園。

終於築成了這段首起海陵（即泰州）尾接鹽城的一條莽莽大堤。該大堤底寬 3 丈、面 1 丈、高 1.5 丈，長 143 里零 136 丈。大堤修好後，解除了這一帶的潮水侵害，保護了農田和鹽場，政府的田賦，鹽課大大增加。百姓不再顛沛流離，農業、鹽業均獲其利。據史書記載，堤堰修復後，「業者三千六百戶，民享其樂」。

蘇州治水

范仲淹在蘇州任內治水的經過，當水患告一段落之時，曾上書呂夷簡宰相作詳細報告即《上呂相公並呈中丞諮目》。這是一篇研究范氏水利經畫及蘇州治水的重要文獻，後代水利書及地方誌略多有收存，爰鈔錄於後：

某諮目再拜，上僕射相公：伏蒙回賜鈞翰，又訪以疏導積水之事，何岩廊之上而意及畎畝，是伊尹恥一物不獲之心也。天下幸甚。

景佑元年（1034 年），范仲淹再次將精力投入了治水一事。此時，他 46 歲，任蘇州知州。因太湖平原地勢低窪，河港錯落，潮汐漲落帶來大量泥沙，一到汛期便會沖毀堤壩。「淪稼穡，壞室廬」。「觀民患，不忍自安」。范仲淹又看不過去了。

范仲淹以工代賑，每日給糧五升，聚集災民疏通白茆塘、福山港、黃泗浦、許浦、奚浦等吳淞江的支流，引其入海，並在這些支流入海、入江之處設置水閘。如

此一來，太湖周圍的人在遇到洪澇時可以宣洩洪水，遇到大旱時還可以引水灌溉，海潮侵襲時的泥沙淤積問題也得以解決。

杭州賑災

「皇佑二年，吳中大饑，殍殣枕路」。

北宋皇佑二年（1050 年），范仲淹 62 歲，吳州（如今江蘇南部、上海、浙江等地）鬧饑荒，穀價飛漲、百姓流離失所。兩浙一帶官府紛紛開倉放糧，在任杭州知州的范仲淹卻張榜要求商販**抬高谷價**到每斗一百五十文。外地糧商得知此消息紛紛趕至杭州，市場在幾天內飽和，供大於求，價格回落。

為了賑災，范仲淹提出「荒政三策」，抬高穀價為一策，「搞新基建」是第二策。當時杭州人喜好修廟拜佛。范仲淹便召集各寺廟的住持，要求他們修繕寺廟。「饑歲工價至賤，可以大興土木之役」。意思是：災荒之年，工價降低，剛好可以趁此機會大興土木。寺廟在節省開支的同時亦可以幫助災民再就業。

於是這些寺廟開始大興土木，官府趁此機會翻修倉庫、縣衙以及建設公共設施，富賈商戶見狀紛紛效仿。由此一來，大量災民湧入城中做工，官府將對災民的救助轉化了工錢，解決了就業問題。「開展地攤經濟」[86]

---

[86] 地攤經濟刺激了當地消費，資金流轉，旅遊、餐飲、服務行業開始復蘇。

就是第三策。

吳人喜競渡，也就是賽龍舟。「希文乃縱民競渡，太守日出宴于湖上，自春至夏，居民空巷出遊」。這次的龍舟賽，一賽便是一季度。

作為發起人，范仲淹出席每次競賽，幾乎夜夜笙歌。富人在官府的帶動下積極參與，百姓們扶老攜幼「聚眾紮堆」，小商小販擠在西湖岸邊擺攤兒，附近的茶樓、飯館、客棧生意爆滿。

文人防邊

以一個文官被推薦參與對抗西夏元昊當然難不倒范仲淹，只是一向謹慎的范仲淹謹慎恐懼的策劃，首先請調到延州，然後親自勘查前線，西夏國境界線與延州邊界線有四百里，這其間一座可以依靠作戰調度的城寨也沒有，西夏來兵都是幾十萬，旋風式的襲擊北宋府州縣城，然後一呼悠又離開了，讓北宋指揮官傷透腦筋。

這都是刺激內需的措施，讓資產流動起來，從而達到救濟貧民的目的。那些從事小生意、飲食行業的人，以及工匠、民夫，可以養活自己。實踐證明，這一年兩浙路災區唯有杭州平安無事，百姓沒有流亡。值得一提的是，明朝萬曆年間蘇州也曾鬧饑荒，但當時的主政者明令禁止百姓遊船，無所作為，最終導致百姓不得不背井離鄉尋求生路，最後釀成大亂。

范仲淹的做法看似不合常理，危機來臨似乎應該看緊錢袋子，少折騰，但他反其道而行之。這其中隱藏著一個重要的應對危機的原理，就是越是蕭條，越是不能讓人閒下來。

　　韓琦主張發集重兵追擊並與予重擊殲滅，范仲淹則以爲萬萬不可，要用守勢戰略一爲築城，做爲戰略基地：築城軍官以種士衡（青澗城），張去惑（馬鋪大順城），周美（金明寨）等三位最強。二爲作戰訓練（見下一段）。三爲戰術策略，西夏重兵來襲則堅守，找機會可出擊則出之，西夏撤走禁止追兵。配套措失乃第四策爲糧草供輸，京師等地調集來的一律送達鄜延儲存所在地即可。第五策用人才以忠誠敢負責有勇有謀者即可任用之，重賞之。

　　宋仁宗心急要快結束這個亂局，韓琦樞密使及宰相都有意無意的讓主戰派發揮，結果三次戰敗，而范仲淹依照自己的主張，積極築城建寨，訓練兵士，改善制度，誰也無法勸其出兵，最後以固若金湯之勢讓西夏無法取得戰勝之機，宋仁宗則利用此空間進行和議的衝刺。

將士訓練及軍法

　　在謝知延州表中說「臣職貳統戎，志存殄寇，所宜盡瘁，敢昧請行，自荐老成，固慚於漢將，誓平此賊，詎擬與唐賢」。

　　延州守軍一萬八千人，到任後即抓緊整軍訓練。先前，邊路分馬步軍部署，統兵萬餘人，兵馬鈐轄領兵五千，兵馬都監帶兵三千，禦敵時官卑者先出戰。這樣的思維運作下，那有可戰之兵。

　　范仲淹把一萬八千人分爲六將，每部置一將，加強

訓練，根據「敵之寡眾」分別出戰。挑選路分都監，和駐泊都監六人，分領六將兵馬，又選指揮使十二人，分棣六將，主持訓練工作，每一指揮營選出二十五名，勇敢壯健士兵，練習弓弩和短兵，熟練之後擔任教頭，一教頭負責數十人，一指揮五百人。滿額的指揮要分兩期訓練完畢。到了當年年底訓練工作大抵完成且有大成效，延州守兵成為精兵了。跟著陝西河東諸路，駐兵都根據這樣整頓訓練，文彥博說，這樣做之後，兵知將，將知兵，指揮官對士兵完全了解，少有敗事的。二法二改善如下：

1. 對減剋士兵糧餉的辦事員，范仲淹集合士兵當眾處決，理由為士兵生活本即困苦，被減剋之後更加困苦，將何以作戰。

2. 對那些冒別人斫到人頭，作為戰功而請賞的人，查核屬實，也辦死罪～奪戎士死戰之功，誤朝廷重賞之意。

3. 以鄜城縣（今陝西洛川東南）為軍，蓋倉庫營房和官府辦公房屋，規定同州、華州、及河東府所屬地方，送邊糧草都到這裡交納，比送延州減少一半路程，後來鄜延路軍馬也有一部份屯紮於此，百姓也減輕大半勞苦，

4. 修築城寨及搬運糧草士兵每月加支醬菜錢。

北宋能臣
范仲淹

築城建寨

延州都監周美建議修復金明寨，於是范仲淹交任務
與周美，接著在延安東北兩百里地方築清澗城，其後便
是承平等十幾個寨的修築。

清澗城（今陝西清澗）舊唐時的寬州，現只剩些廢
壘，由種士衡負責修築，並對其形勢有所描述，說「右
可顧延安之勢，左可致河東之粟，北可圖銀夏之舊」。築
此城任務非常艱鉅，因爲且戰且城，要爭天爭地還要爭
人，沒有水，不能駐兵，鑿井一百五十尺才見石，石工
認爲打下去也沒有水，種士衡確認爲石下必有水，種士
衡說打下去，把石打碎，一畚箕一畚箕的挑上來，上來
一畚箕賞百金，石頭打碎了幾層，泉水湧出來了，終於
成城。

種士衡被任命爲知城事，城四週土地被墾闢，守城
士兵且耕且戰，還借給商賈本錢叫他們運進貨物來賣，
販賣取利。種士衡非常重視與熟姜稿好關係，常到部落
去訪視，有時還解下配帶送給酋豪。後來他調往環州（今
陝西環縣）赴任時當地牛家族首領奴訛素來不見官方人
物，今特地來郊迎接，對種士衡說，你名氣很大，我特
地來接迎，種士衡說第二天將去回訪，牛奴訛半信半疑，
當夜大雪積深三尺，約定時間一到，種士衡及時出現在
奴訛面前，他驚嘆說，我們世世代代居住在山裡，官方
沒人敢來，難道你一點也不懷疑我嗎？種士衡與范仲淹

因此得到西邊少數族的信服。過了四年種士衡又築細腰城，城成而病，慶曆五年（1045 年）正月七日病死，范仲淹爲其作墓誌銘。

延州解圍之後，五月塞門寨失落，寨主高延德被俘，安遠寨也被佔領，八月來攻金明寨，夏王不得志，九月攻三川寨（今寧夏固原西北），鎭戎軍西路都巡檢使楊保吉戰死。鎭戎軍屬涇原路，楊是中級軍官，后師子，定川堡被圍，戰士死了五千，乾溝，乾河，趙福三堡陷落，涇原路戰情緊張。

大順城

慶州東北有個寨子叫馬鋪，柔遠砦在它的西北，金湯、白豹在它的東北和西北，這三寨和馬鋪各相距四十里，深在賊腹的地方，人說在馬鋪修城，可以斷絕夏人和明珠、滅藏等族的往來，他們是暗中協助夏國的。范仲淹看中這地方，也料到夏國會來力爭。純祐十九歲跟著父親來到慶州，在部隊裡擔任職務，有膽有才又細心，范仲淹秘密派他和番將趙明，佔領馬鋪，秘密運去築城材料和器具，然後親自率兵進駐柔遠，宣布要在馬鋪築城，范仲淹至馬鋪慰勞將士，並說敵兵會來要做好應戰準備，馬鋪在十天內築成了，朝廷命名爲大順城。西夏以三萬騎來爭，范仲淹指揮作戰，血戰方酣，夏兵忽然撤退，范仲淹下令勿追。和清澗城一樣，招募士兵，擔任守城任務，不刺面只刺臂，不訓練時還可以留在家裡

耕作，戍守是輪流的，日給糧，人賦田八十畝，能自備
馬者益賦給四十。

　　細腰城築城，營田是范仲淹守策兩件大事，在築城
大事件中發現了人才，如清澗城的種士衡，大順城的張
去惑，遇事不畏艱苦，築城時開始有夏兵騷擾，人心浮
動要求停築，張去惑被派去後，將士一心一意，不分日
夜興工，十天就把城修好，後來在寧州（今陝西寧縣）
專管築城，依山爲險，工料需要多，工程進度大，他措
置裕如，連防城戰具都一無所漏，辦得又快又好，范仲
淹樞密副使時就推薦他，在京榷貨務的工作。

　　環州有許多羌族大小部落，熟戶爲宋朝統治，首領
或封官號或受賞賜，生戶爲西夏統治，宋夏戰爭開始後，
他們暗暗幫助夏人，大順城築成之後阻斷了與西夏交通
的門戶，范仲淹非常重視對羌族的工作，到慶州不久就
請求調種士衡過來，因爲種士衡與羌族部落非常交心，
環州的部落的心唯有種士衡能改變。

照顧羌族

　　范仲淹非常重視對羌族的照顧工作，在鄜延修築清
澗，在環慶修築大順城，都是范仲淹親自抓選的，後來
鄜延築了橋子谷砦，涇原築細腰、胡蘆，都是爲了羌族
而修築的。涇原路原州（今甘肅鎮原）羌族明珠、滅藏、
康奴三個部落，有兵數萬，力量最大最強盛。涇原路原
想用兵壓鎮，范仲淹反對說，這樣一來他們就要投入西

夏懷抱了，那時候他們南入原州，西擾鎮戎，東侵環州（今甘肅環縣），這樣邊境就不能安靜了。范仲淹提出趁西夏不備，全力攻佔細腰胡蘆，斷絕夏人和三部來往，並招募熟戶做弓箭手，分給土地，盡可能給他們富足，使他們和漢人合作，這些弓箭手後來成為勁旅，勝過東兵～禁兵。

人才學

范仲淹韓琦同駐涇州，提拔很多人，雷簡夫、姚嗣宗、馬懷德、張信，有文有武，不論行政或軍事，陝西都感人才不足，范仲淹主張擇選將校，將校得人，士卒才能增氣，撤換老弱全不得力的，從下級軍官挑選吃得苦的，有武勇心力的人，即使曾有過犯也要加以任用，范仲淹與韓琦請求朝廷派京官來邊境擔任縣長，縣令不但為邊境造福，使他們得到鍛鍊，要用人時也不乏人臣了。對於記功受賞也認為是大事，建議朝廷重定戰功賞格，在上報編上得力材武將佐等第姓名時，狄青種士衡都列在第一等，對狄青評語是「有肚量，勇果能識機變」，對士衡評語是「足機略，善撫御，得番漢人情」，第一等共四人。第二等十一人，周美排名第一，少數能打勝仗者之一，善於做羌族居民的工作，招種落內附者十一族，考語為「諳練邊情及有武勇」。第二等中還有一位安俊，被羌族稱為安大保。

韓琦范仲淹同心協力主持軍事，計畫出橫山，收復

靈州（今寧夏寧武西南），和夏州（今陝西靖邊），邊上
人唱道，「軍中有一韓，西賊聞之心骨寒，軍中有一范，
西賊聞之驚破膽」。

慶曆新政的影響

慶曆新政

　　慶曆新政的中心內容便是范仲淹提出的條陳十事，
具體包括三方面的內容，一是澄清吏治，包括明黜涉、
抑僥倖、精貢舉、擇長官、均公田。這些措施主要是針
對當時社會上日益嚴重的土地兼併和冗員現象提出的。
二是富國強兵，具體內容包括厚農桑、減徭役、修武備。
這主要是針對北宋積貧積弱和冗兵現象提出的。三是屬
行法制，這是針對當時朝廷政令朝令夕改，威信不高的
情況提出的。
　　慶曆三年（1043）三月發布人事命令
　　宰相：章得象、晏殊
　　參知政事：賈昌朝
　　樞密使：杜衍
　　樞密副使：富弼、韓琦、范仲淹
　　諫院：歐陽修
　　諫官：蔡襄、王素、余靖

慶曆三年五月王倫在沂州（今山東臨沂）起義；慶
曆三年九月，張海、郭邈山之亂在四川陝西湖北三省交
界起義；京東京西兩路士民飢民聯合起義，把北宋吏治
腐敗無能暴露得很徹底。富弼、歐陽修及很多有識之士
大夫都建議皇上乞擇守令，如此態勢給范仲淹新政的選
擇州縣長吏開始。牢牢大端者有下列六項[87]。

一、擇長官最先行：由二府選用諸路轉運使，提點刑獄
　　及大州的知州，由兩制（翰林學士起草皇帝詔令稱
　　內制，他官加知制誥官銜起草皇帝詔令稱外制），御
　　史台，開封府，諸路監司選用知州、通判，知州、
　　通判選用知縣、縣令。

二、磨勘及任子制度：文官三年一遷，武官五年一遷，
　　不限內外，不問勞逸，好好壞壞都一樣。改變為文
　　武百官都沒有勘磨，有功就賞，不計年資，可以不
　　次升擢，沒有能力無所稱者，至老不遷。台省官六
　　品以上，其他官五品以上，每三年南郊大禮都有一
　　次任子機會，品級最低者任子或孫一人，最高的可
　　蔭六人，此外還有致仕恩澤，遺表恩澤，退休或死
　　亡都可為子孫求得官職，范仲淹建議正郎以下和監
　　司須在職滿兩年才得任子。

三、茶鹽專賣：廢止專賣法，天下茶鹽之法，改為盡使

---

87 程應鏐 范仲淹新傳

　　行商,以去苛刻之刑,以息運置之勞以取長久之利。

四、述請興學:地方辦學可以在所屬官員中選用教授,不足之數可由鄉里宿學有道業的人充當。學生要在學三百天才能參與秋試,曾經參加過考試者,可以減學一百天,考試三場,第一二場策論,第三場考詩賦。取消從前的貼經(以紙貼上經文由學生背誦)墨義(背誦經文的注疏)。

五、減徭役:透過郡縣合併減徭役。

六、輔臣兼判:六部和太常、大理寺、群牧、殿前馬步軍司的事。

　　可以看出,這十項改革措施針對性非常強,針砭時弊、切中要害,非常具有可行性,而且在改革初期,范仲淹等人也是切實貫徹執行的,因此取得良好的效果。一時間朝廷風氣爲之改變,一派政治清明,欣欣尙榮的局面,受到百姓的歡迎。

　　慶曆新政失敗的原因是多方面的:

一、既有封建體制固有的弊端,觸犯到很多守舊派的利益,而他們必然也會千方百計地阻礙改革。

二、也有北宋朝廷激烈的朋黨之爭的因素,保守派攻擊范仲淹等人結黨營私,這恰好是宋仁宗最不願看到的,因此范仲淹等人時刻戰戰兢兢,無法集中精力推行改革。

三、更有改革措施自身的原因。當然最根本的原因便是

封建體制的因素，改革派的措施太過冒進。

四、宋仁宗的改革決心也不堅定，慶曆新政迅速破產。

慶曆新政的影響

雖然慶曆新政的影響一般，但是確實在一定程度上緩和了社會矛盾，比如抑制土地兼併，提拔有實幹精神的官員，限制恩蔭官員等，都給當時的北宋政壇帶來一股清風，一掃以往沉悶的政治氣氛。

當時的有識之士紛紛奔走相告，寫文章慶賀，彷彿看到了改革的希望[88]。

北宋上億財政收入是如何來的[89]？

北宋歲入歲出表（單位：匹貫石兩）年 運入 歲出

年	運入	歲出
1021（天禧五年）	150,850,100	→126,775,200
1048（慶曆八年）	103,596,400	→89,383,700
1049（皇佑元年）	126,251,964	→126,251,964
1065（治平二年）	116,138,405	→131,864,452

從以上資料可以得到證明，范仲淹的新政對國家財政非常有貢獻。

---

88 神宗熙寧元年（1068 年），新即位的宋神宗問王安石：「當今治國之道，當以何爲先？」王安石答：「以擇術爲始。」熙寧二年（1069 年），宋神宗問王安石：「不知卿所施設，以何爲先？」王安石答：「變風俗，立法度，方今所急也。凡欲美風俗，在長君子、消小人，以禮義廉恥由君子出故也……」同年二月，王安石開始推行新法，採取一系列改革措施。

89 https://www.getit01.com/p201808094541487/

岳陽樓記，震撼產生的背景

　　1046 年，58 歲，慶曆六年的秋季（時六年九月十五日），出將入相完成一生中最偉大的兩件事，在為官最高峰之際，為滕子京重修岳陽樓寫記，經過 27 歲中榜後到 1036 年 38 歲的改革朝政上書，及三次被貶或自請出外任官，1040 年 52 歲～1043 年 55 歲六月，出將；1043年 55 歲八月～1045 年二月入相；如此豐富經驗，對於人生所當為甚有感受，因此能寫出如此氣勢磅渤的文章。

　　淫雨霏霏，連月的惡劣天氣下來登此樓者，會有「去國懷鄉，憂讒畏譏，滿目蕭然，感極而悲起」。反之在春和景明，碧波萬頃時來登此樓者，會有「心曠神怡，寵辱偕忘，把酒臨風，而現喜洋洋」。范仲淹則不以為然，范仲淹以尋求古仁人之心的基礎上來說，那是不同於上述兩種人的風格的。古仁人必具有下列三種性格：

一、「不以物喜，不以己悲」；他的心是平靜的，不受物或自己影響而有憂喜之差別。

二、「居廟堂之高則憂其民；處江湖之遠則憂其君。是進亦憂，退亦憂」。他會隨時擔憂國家百姓，在朝中為官卻為百姓擔憂，在民間為官則擔憂朝中皇帝或國君情形，那麼人們必問，他沒有快樂嗎？有，他說：

三、「先天下之憂而憂，後天下之樂而樂」吧！

　　如果沒有這樣的古人，我能隨誰而去呢？

　　請再欣賞一遍岳陽樓記

　　慶曆四年春，滕子京謫守巴陵郡。越明年，政通人和，百廢具興，乃重修岳陽樓，增其舊制，刻唐賢今人詩賦於其上。屬予作文以記之。（具 通：俱）

　　予觀夫巴陵勝狀，在洞庭一湖。銜遠山，吞長江，浩浩湯湯，橫無際涯；朝暉夕陰，氣象萬千。此則岳陽樓之大觀也，前人之述備矣。然則北通巫峽，南極瀟湘，遷客騷人，多會於此，覽物之情，得無異乎？

　　若夫霪雨霏霏，連月不開，陰風怒號，濁浪排空；日星隱曜，山嶽潛形；商旅不行，檣傾楫摧；薄暮冥冥，虎嘯猿啼。登斯樓也，則有去國懷鄉，憂讒畏譏，滿目蕭然，感極而悲者矣。（隱曜 一作：隱耀；霪雨 通：淫雨）

　　至若春和景明，波瀾不驚，上下天光，一碧萬頃；沙鷗翔集，錦鱗游泳；岸芷汀蘭，郁郁青青。而或長煙一空，皓月千里，浮光躍金，靜影沉璧，漁歌互答，此樂何極！登斯樓也，則有心曠神怡，寵辱偕忘，把酒臨風，其喜洋洋者矣。

　　嗟夫！予嘗求古仁人之心，或異二者之為，何哉？不以物喜，不以己悲；居廟堂之高則憂其民；處江湖之遠則憂其君。是進亦憂，退亦憂。然則何時而樂耶？其

必曰「先天下之憂而憂，後天下之樂而樂」乎？噫！微斯人，吾誰與歸？

時六年九月十五日。

成人之美，狄梁公碑

宋仁宗寶元元年（公元 1038 年）正月十三日，范仲淹被貶，從饒州（即鄱陽郡）去潤州（即丹徒郡，今江蘇省鎮江市）任知州，途經彭澤縣，拜祭了此間的狄梁公祠，他為狄梁公的功德所感動，洋洋灑灑寫下了一千九百零七字的包含敬仰之情的《唐狄梁公碑》。全篇碑文，不但盛讚了狄梁公一生重大的功績，而且抒發了自己願以狄梁公為榜樣，報效國家、報效民眾的思想感情。

狄梁公即狄仁傑（公元 630～700 年），為唐代著名大臣，因封為梁國公，故有是稱。武則天即位，任地官侍郎同鳳閣鸞台平章事，後為酷吏來俊臣誣陷下獄，在武則天長壽元年（公元 692 年）被貶為彭澤縣令，任職一年。期間，他施恩於彭澤民眾，當他離開彭澤升任魏州刺史後，當地民眾為感念他，建生祠予以紀念，故彭澤縣內有狄梁公祠。

范仲淹寫的《唐狄梁公碑》，其內容可分為四大部分：第一部分即為第一段文字，高度讚揚了狄梁公的豐功偉績，並交待了他的名字和籍貫。第二部分為文章的

主體，從十五個方面列舉了狄梁公的忠與孝的事實，並在每一二件事實後面進行了極簡短的評議。第三部分作了總結，第四部分為碑文的銘文[90]。

立郡學培養人才

范仲淹每到一地方任職，首要任務就是檢視學養系統，如果沒有學堂立即興建，或者利用現有建物設立義塾，聘請老師授課，培養郡內人才，如興化縣等自己上任的府州縣軍等，到了入朝為參知政事改革中有一項設立郡學，請皇帝頒發詔令通令全國實施。

用人哲學

在與西夏元昊對抗時，軍事人才特別缺乏，所以范仲淹說只要忠誠，有勇有謀，可先用之，再邊做邊學。例如郡縣守護人員必須經過秀才、舉人、進士這樣完整教育體系培養出來的才算。但是宋朝有所謂任子，任用之官也許就沒有如此完整培訓，參與磨勘制度的升官進階之後，派任地方父母官遍地都是，無能任事擔當，產生很多麻煩。因此，排除劣幣，良幣才有出頭機會。

---

[90] https://baike.baidu.hk/item/%E5%94%90%E7%8B%84%E6%A2%81%E5%8 5%AC%E7%A2%91/9622763

一生為官出出入入輿圖

42～52 歲間官遷移路線圖

二十五歲前遷徙路線圖

中榜進士後當官遷移路線圖

參與西夏戰事前遷移路線圖

西夏戰和之後至死遷移路線圖

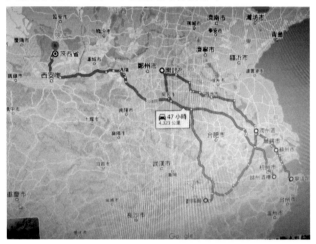

義莊

義莊始建及沿革[91]

范氏義莊是范仲淹於皇佑元年（1049）61 歲三月。赴杭過蘇時，與兄仲溫議定在蘇州創辦義莊。

皇佑二年（1050 年），第三次被貶後在其原籍蘇州吳縣捐助田地 1000 多畝設立的。義莊田地的地租用於贍養同宗族的貧窮成員。1050 年 62 歲，十月他給義莊訂立章程，規範族人的生活。他去世之後，他的二兒子

---

[91] https://baike.baidu.hk/item/%E7%AF%84%E6%B0%8F%E7%BE%A9%E8%8E%8A/9632938　范氏義莊

宰相范純仁、三兒子尚書右丞范純禮又續增規條，使義莊維持下去。

南宋時范之柔對義莊又加以整頓，宋金戰爭中范氏義莊遭到的一些破壞，恢復了原有規模。

南宋寧宗嘉定六年，范仲淹六世孫范良器又制訂《續定規矩》12條，要點是重申和完善范仲淹所定《規矩》及保護族產。

明末范允臨捐助田地100畝，清前期大同知府范瑤捐助田地1000畝。

乾隆時范氏《增訂廣義莊規矩》，特別強調了對貧病族人的照顧問題。

范氏義莊是中國慈善史上的典範，它是最早的家族義莊，更重要的是它是我國史料記載的第一個非宗教性民間慈善組織。它還創造了一個奇蹟，雖然朝代更迭，歷經戰亂，但一直到清朝宣統年間義莊依然有田 5300畝，且運作良好，共持續了八百多年。

范氏義莊現狀：

1938年，唐言借「范義莊」創辦新式學校「私立崇範中學」，開啓了義莊土地的新學之風。1945年，范氏後裔范君博、范煙橋、范亞侃收回義莊辦學權，創辦「私立景範中學」。

1956年，政府接管辦學，校名先後爲五愛中學、第八初級中學、第二十二中學，1989年，范仲淹誕辰一千

周年之際，學校改名爲蘇州市景範中學，表達景仰范仲
淹之意。

義莊的管理[92]

一、義莊設有管理人，負責經營管理。管理人有權處理
　　義莊事務，不受他人干擾。

　　但是，管理人以工作好壞決定領取報酬的數額。在
　　領取報酬前，要有族人證明他工作有效。族人有權
　　告發管理人的不公正行爲，由公眾作判斷。由此可
　　見，義莊有一個獨立的決策機制和與之相配合的監
　　督機制。

二、在財產管理方面，例如：義莊以田租爲財政來源，
　　爲了公正，不許族人租種義莊的田地。義莊也不買
　　族人自有的田地。

三、義莊還對受益人即族人有一些監督措施，對於違法
　　義莊規矩的人，有不同的處罰措施，比如罰款、取
　　消獲得救濟資格、送官等。

四、義莊還得到了政府的支持。在義莊建立之初，范純
　　仁爲了防治有破壞義莊的行爲發生，向宋英宗上
　　奏，報告義莊設立的情況，在政府立案，請求政府
　　對損害義莊利益的人按國法判處。宋英宗批准了范
　　純仁的請求，下令由蘇州地方官對義莊進行備案，

92　https://www.epochtimes.com/b5/19/5/3/n11231329.htm
　　范仲淹創義莊　傳奇延續近千年

給予保護。後代范之柔對義莊進行整頓，范允臨、范瑤向義莊捐助田地也都是政府批准的。

五、義莊給族人提供的救濟有 7 個方面：領口糧、領衣料、領婚姻費、領喪葬費、領科舉費、借住義莊房屋、借貸。但這些救濟都是有限的，糧食、衣料、各種費用的領取是定時定額的；借助房屋如果需要修理的，確實無力修繕，義莊才給予資助；借貸不能是經常行為，到時也必須歸還。

六、條例：逐房計口給米，每口一升，並支白米。如支糙米，即臨時加折。

冬衣每口一匹；十歲以下五歲以上，各半匹。

每房許給奴婢米一口，即不支衣。

逐房各置請米歷子一道，每月末與掌管人處批請，不得預先隔跨月支請。

嫁女，支錢三十貫。再嫁，二十貫。娶婦，支錢二十貫。再娶，不支。

子弟出官人，每還家待闕、守選、丁憂，或任川、廣、福建官留家鄉者，並依諸房例，給米絹並吉凶錢數。雖近官，實有故留家者，亦依此例支給。

逐房喪葬，尊長有喪，先支一十貫，至葬事，又支一十五貫。次長五貫，葬事支十貫。

鄉里、外姻、親戚如貧窘中非次急難，或遇年飢不能度日，諸房同共相度詣實，即於義田米內量行濟

助。

這些規矩大體分四個方面：一是族人領取義米、冬衣的範圍和數額；二是對於族人嫁娶喪葬的規定，其中一條族人再娶不給資助的規定很有意思；三是領取義米的方法；四是對於族人中候補官員或到邊遠地區做官的補助。除此之外的規矩是關於管理者和監督者的權利的。

效果顯著

范仲淹初創義莊時，人口只有 90 口。為了選舉出合格的管理者，范仲淹提出：管理人須經家族各房（分支）公推共舉，然後由家族長老認可再遴選出來，以期讓正派、公道、有聲望者擔任其職。此種選舉方式即便在義莊規模擴大後，也一直在使用。

對於管理人的權力，規定他們獨立行使義莊糧物的收支分配權力，不受他人干擾。而族人有對管理人監督的權力。《義莊規矩》中規定：管理人的報酬取決於其工作做得好壞，而其工作做得好壞又取決於族人的評定，族人甚至有權告發管理人的不公正行為，交由全族人進行判斷。

一、與之相對的是，管理人對族人也有一定的監督權。比如對違反義莊規定的族人，管理人可通過與族中長老商議，視其違規程度的輕重，或削減其受資助

的額度，或取消其受資助的資格，或將其送官交由官府法辦。

二、在《義莊規矩》制訂後兩年，范仲淹就過世了。他的人稱「布衣宰相」的次子范純仁、三子尚書右丞范純禮、四子范純粹，十次《續義莊規矩》，平均每四年左右即續訂一次。主要內容涉及或支持子弟參加科舉考試，或監督「掌管人」，或針對田產、倉房管理，或完善領取制度，或處罰虛報冒領人，條款非常詳細。比如：

（1）教育方面，獎賞參加科舉考試的子弟、義學教授以月錢。

（2）義莊管理方面，對掌管人、掌管子弟、勾當人職責的規定，只有掌管人依規定處置義莊的事，雖是尊長不得侵擾干預。

義田的經營，不許族人租佃義田，不得典買族人田土。

同居兄弟之奴婢、未娶者之奴婢的給米規定。

（3）宗族財產保護方面，不得占據或會聚義倉，義莊人力船車器用之類不得借用，不得以義宅屋舍私相兌貨質當。

此次增補規矩增加了對教育方面的資助，加強了對義莊管理方面和宗族財產保護上的規定。此外，范純仁還用所得俸祿，將義田增加爲三千畝。不僅如此，義莊

的規矩還得到了宋朝官府的支持，那些不遵守規矩的范
氏族人如出現官司，官府需要受理。

韓琦為何敢提頭為推薦范仲淹作保

　　韓琦推薦范仲淹來邊境抵禦西夏的時候對仁宗說，
「若涉朋比，誤陛下事，當族。」還特別聲明為了國家
非為私情。原來兩人先後走的官路幾乎如出一轍，廿幾
年的為官生涯，涵養出惺惺互惜互敬的情誼，兩人奉公
不為私心，表現文人志節的過程甚是精采絕倫，茲敘述
如下：

　　范仲淹比韓琦長十八歲，比韓琦早十二年考中進
士，中進士之後就在廣德軍當推官，然後知興化縣立郡
學，修築捍海堰。韓琦則官道順遂，天聖五年（1027）
考上進士後一直在館閣，范仲淹當年丁母憂，冒哀寫一
封萬言，上執政書，天聖五年月日，丁憂人范某，謹擇
日望拜，上書於史館相公、集賢相公、參政侍郎、參政
給事。韓琦為何敢提頭為推薦范仲淹作保，筆者以為一、
兩人身世幾乎相同；二、在朝為官雖不同單位但同朝於
宋仁宗，兩人作風應係惺惺相惜，都深入了解對方的風
格與屬性。兩人為官有一前一後相隨的樣態，茲說明如
下：

　　自晉、南朝宋至隋、唐，皆設有秘閣藏書，北宋沿

唐制設三館，改弘文館爲昭文館。太宗太平興國年間新
建昭文館、集賢院、史館等三館貯藏圖籍，總名爲崇文
院，通稱閣職。端拱元年（988 年）又于崇文院中堂設
秘閣，選三館善本圖書及書畫等入藏，藏書最爲完備。
后又將所收兩浙錢俶的藏書移至其中。

　　淳化元年（990 年）擴建秘閣，于淳化三年（992 年）
建成，宋太宗御題匾額「秘閣」，設直秘閣、秘閣校理等
官管理秘閣事務。眞宗大中祥符時宮中失火，延燒到崇
文院與秘閣，其中藏書多有焚毀。其后累經恢復補充，
至仁宗時，秘閣藏書已達 15785 卷。

　　仁宗景佑元年（1034 年）命翰林學士張觀、李淑、
宋祁等校定整理三館與秘閣藏書，刪其僞濫，補其遺缺，
摘其重復，刊其訛舛，編成書目，賜名《崇文總目》，歷
七年至慶歷元年七月成書，慶歷元年（1041 年）十二月，
翰林學士王堯臣、王洙、歐陽修等上「新崇文總目」六
十卷，是中國現存最早的一部國家書目（已殘缺）。

　　范仲淹生於宋太宗端拱二年（989）比韓琦長十八
歲，韓琦[93]「出身世宦之家，父韓國華累官至右諫議大
夫。韓琦 3 歲父母去世，由諸兄扶養，「既長，能自立，
有大志氣。端重寡言，不好嬉弄。性純一，無邪曲，學
問過人」。

---

93 https://zh.wikipedia.org/wiki/%E9%9F%A9%E7%90%A6

　　韓琦天聖五年（1027 年）進士，在館閣，同館王拱辰、葉定基時有喧爭，韓琦坐在幕室中閱卷，就像沒有聽見。那年范仲淹丁母憂其間冒哀給朝廷上了一份萬言書——《上執政書》[94]，針對貧病交加的時弊，他提出了「固邦本，厚民力，備戎狄」等六條改革主張。宰相王曾收到萬言書後，大爲賞識，立即授意晏殊推薦范仲淹應學士院試。天聖七年，1029 年 41 歲，上書諫仁宗率百官行拜賀太后壽儀，後又疏請太后還政，疏入不報，遂自請補外，出爲河中府通判。

　　天聖八年 1030 年三月，42 歲，上書請罷修寺觀，裁併郡縣。上書晏殊[95]，對晏殊責以輕率上書，唯恐累及舉主之說，表明心跡。五月上書呂夷簡，議論即將舉行的制科。

　　明道元年，1032 年二月，44 歲，仁宗生母李辰妃卒；仲淹屢上奏疏，勸以唐中宗朝上官婕妤、賀婁氏賣墨敕斜封官事爲鑒。

　　明道二年，1033 年三月，45 歲，劉太后薨，仁宗親政。四月，仲淹被召回京任右司諫。上疏諫不應立楊太妃爲太后，又建議全劉太后之德，勸帝恪盡子道。與孔道輔（986～1039）率台諫官伏合請對，力諫廢郭后，被

94　http://zgfanzhongyan.org/fan/navs/shiwen/shangzhizhengshu
95　https://www.cuhk.edu.hk/ics/journal/articles/v33p151.pdf
　　晏殊與北宋文化

貶外放，出守睦州。

景佑二年，1035 年十月，47 歲，擢禮部員外郎、除天章閣待制。召還京判國子監。

韓琦官道順遂，考上進士後一直在館閣，景佑元年（1034 年）九月，遷開封府推官。一直到景佑二年十二月，遷度支判官，授太常博士。范仲淹則在此時進吏部員外郎，權知開封府。時郭皇后暴卒，輿論疑內侍閻文應下毒，仲淹奏劾之，閻被貶嶺南，死途中。

景佑三年，1036 年五月，48 歲，上疏論營建西都洛陽事，呂夷簡譏爲迂闊近名。上百官圖，指斥宰相用人失當，又上四論，呂夷簡反訴仲淹「越職言事，薦引朋黨，離間君臣」，貶知饒州（今江西鄱陽縣）。韓琦在此時景佑三年（1036 年）八月，拜右司諫接替范仲淹之職，比范仲淹慢三年。

韓琦在康定元年（1040 年）官陝西安輔使，當即推薦知越州范仲淹，他正強自寬解於神仙境中，因爲他被認爲是搞朋黨的人而被外調。說到朋黨，是極端嚴重的，漢朝及唐朝都因朋黨招來亡國之禍，因此韓琦推薦時說，「若涉朋比，誤陛下事，當族。」還特別聲明爲了國家非爲私情。韓琦主張集中兵力進攻西夏，拒絕范仲淹的用兵建議。雖然如此，韓琦范仲淹同心協力主持軍事，計畫出橫山，收復靈州（今寧夏寧武西南），和夏州（今陝西靖邊），邊上人唱道，「軍中有一韓，西賊聞之心骨

寒，軍中有一范，西賊聞之驚破膽」。

慶曆三年（1043 年），官樞密副使。贊成范仲淹、富弼等人推行慶曆新政。

韓琦的名事

嘉佑二年（1057 年），蘇轍進士及第，不久就給樞密使韓琦寫信，希望得到他的提攜，這封信也就是後來著名的《上樞密韓太尉書》。

嘉佑三年（1058 年），出任宰相。英宗即位後，封爲魏國公。神宗趙頊即位以後，出判相州。作爲元老重臣，他一直反對王安石變法，宋神宗一度有所感悟：「琦眞忠臣，朕始謂可以利民，不意害民如此。且坊郭安得青苗？而使者亦強與之。」。

熙寧八年（1075 年），病死，終年 67 歲。贈尙書令，諡忠獻，配享英宗廟庭。後遺作編爲《安陽集》。

韓琦、岳飛、韓侂冑與范仲淹

宋徽宗崇寧二年二月十五日（1103 年 3 月 24 日），岳飛[96]生於相州湯陰永和鄉孝悌里，家中世代務農，是北宋政治家韓琦家的佃農。誕生時生母夢見一大鵬鳥降於家屋頂，故命名「飛」、字「鵬舉」。史載岳飛力量驚人，能開三百斤弓、八石之弩，且拜師於弓術名家周同，

---

96 https://zh.wikipedia.org/wiki/%E5%B2%B3%E9%A3%9E

能左右開弓。

　　韓侂冑是韓琦的曾孫，南宋北伐名將。官至宋寧宗宰相，任內追封岳飛為鄂王，追奪秦檜官爵，力主北伐抗金，因將帥乏人而功虧一簣。後在金國示意下，被楊皇后和史彌遠設計殺害，函首予金。與岳飛同樣的命運。「韓侂冑（1152年11月6日～1207年11月24日），又作仛冑，字節夫，祖籍河南安陽，南宋政治人后的侄女為妻，無子。曾侄孫女是宋寧宗的恭淑皇后。

　　侂冑曾與宗室趙汝愚合作，迫宋光宗禪位予其子嘉王趙擴，即宋寧宗，史稱紹熙禪位，又任寧宗宰相，力主北伐抗金，因將帥乏人而功虧一簣。後在金國示意下，被楊皇后和史彌遠設計殺害，函首予金[97]」。

　　岳飛出身世代務農的農家，是北宋政治家韓琦的佃農，如何能成為精忠報國的抗金名將，實在是值得一窺究竟的探討主題。當岳飛的岳家軍足以捍衛國家抵禦外侮，甚至直搗敵窟的時候，卻被宋高宗私心為保皇位而編罪賜死，以其之死求和；范仲淹和韓琦兩人合力抵禦西夏逼其來和，然後又一齊實施慶曆新政，為宋仁宗所倚重；韓侂冑是韓琦的曾孫，為岳飛洗刷罪名，卻也因皇室鬥爭，被金人要求以屍首交換和平，與岳飛同樣命運而終，如此悲壯的際遇，以此篇幅介紹一下，供讀者

---

97 https://zh.wikipedia.org/wiki/%E9%9F%93%E4%BE%82%E5%86%91

參考甚有價值。以下從岳飛三次投身軍旅起始如何達到有十萬兵力的岳家軍將領，詳情介紹如下。

宣和四年（1122年）冬，岳飛從軍，旋因其父岳和病故，回到家鄉守孝三年。宣和六年（1124年）冬，再次投軍；翌年，駐地淪陷於金軍之手，戰敗還鄉。宋欽宗靖康元年（1126年），第三次投軍。宋高宗建炎元年（1127年）年，以越職上書言事，被奪官。

經過戰果豐碩而慢慢升官

每次戰功就升官，從武功郎起、武經大夫、武略大夫借補英州刺史、武德大夫實授英州刺史、武功大夫昌州防禦使，通州鎮撫使、兼知泰州。神武右副軍統制、親衛大夫、建州觀察使。

「神武右副軍」改名為「神武副軍」、並升遷為都統制、知州，兼荊湖東路安撫使、都總管，統率軍馬前往潭州。升三官為中衛大夫、武安軍承宣使，仍屬從五品、太尉、樞密副使（從一品）。

經過的長官有張所、王彥、宗澤、杜充、張俊，直到成為御前五軍的一員。

建炎四年（1130年）六月，此時的岳飛已經很有名氣，剛好御前五軍改組，岳飛因緣際會接替顏孝恭為神武右副軍為統制，進入皇家衛軍，達到最高峰詳情如下：

御前五軍改名為神武軍，神武左軍都統制韓世忠，神武右軍都統制張俊，神武中軍統制辛永宗，神武前軍

統制王燮，神武後軍統制陳思恭。

御營司五軍改爲神武副軍，辛企宗爲神武副軍都統制；李橫爲神武左副軍統制，顏孝恭爲神武右副軍統制。後神武右副軍統制顏孝恭改任江南東路安撫大使司統制，空缺由岳飛填補。

幾次戰果奠基

宋高宗建炎元年（1127 年）八月，岳飛投奔借通直郎、直龍圖閣、河北西路招撫使張所軍中，受到賞賜，九月隨王彥率軍七千北渡黃河抗金，兩人意見不和，岳飛脫隊獨自行動但寡不敵眾，再回王彥處不爲所留，於是南下投奔延康殿學士、京城留守、兼開封尹宗澤。岳飛以不服主將號令當斬，被宗澤赦免，僅免官待罪。

建炎二年（1128 年七月），宗澤病逝，杜充接任東京留守。建炎三年（1129 年）六月，杜充撤往建康府，岳飛苦諫不從，開封失守。不久完顏宗弼率金軍南下建康，杜充所部戰敗，率親兵三千投降。岳飛退屯建康東北的紫金山，後四戰收復常州。宋高宗從海上逃走。

建炎四年（1130 年）三月，宋高宗從海上返回越州，任命張俊爲浙西路江東路制置使，「諸將並受節度」，命其收復建康。四月，岳飛在清水亭首戰告捷；五月，進屯牛頭山，率三百騎兵、兩千步兵在建康城西北十五里擊敗完顏宗弼，收復建康。六月，岳飛隨張俊討伐淪爲盜匪的原統制戚方，以三千人在廣德軍東南約七十里的

苦嶺擊敗戚方，戚方投降張俊。張俊回朝後「盛稱岳飛
可用」，於是岳飛升轉任武功大夫、昌州防禦使，通州鎮
撫使兼知泰州。

紹興二年（1132年）正月末，岳飛被任命為知州兼
荊湖東路安撫使、都總管，統率軍馬前往潭州。二月，
主戰派頭號人物李綱被起用為荊湖、廣南路宣撫使，岳
飛等將領劃入李綱部下，討伐湖東路的亂匪曹成。當時
岳家軍的兵力為一萬二千餘人，李綱稱讚岳飛「年齒方
壯，治軍嚴肅，能立奇功，近來之所少得」，斷言他「異
時決為中興名將」。閏六月，岳飛升三官為中衛大夫、武
安軍承宣使，仍屬從五品。討伐曹成後，岳家軍兵力增
一倍，達二萬三千到四千人左右，與韓世忠、劉光世、
張俊等軍相差不多。

紹興三年（1133年）九月，岳飛第二次朝見宋高宗。
宋高宗親筆書寫「精忠岳飛」四字，繡成一面戰旗，命
岳飛在用兵行師時作為大纛。又任命岳飛任江南西路舒
蘄州制置使，將駐守蘄州的統制李山，屯紮江州的統制
傅選兩支部隊併入岳家軍，將淮南西路舒州和蘄州的防
務併入岳飛的防區。岳家軍的軍號也由「神武副軍」升
格為「神武後軍」，岳飛率岳家軍三萬五千人左右打敗偽
齊劉豫的部將李成等人，成功地收復了前一年南宋失去
的襄陽府鎮撫使李橫的轄地，以及唐州和信陽軍。

宰相趙鼎認為：「湖北鄂、岳，最為沿江上流控扼要

害之所，乞令（岳）飛鄂、岳州屯駐。不惟淮西藉其聲援，可保無虞，而湖南、二廣、江、浙亦獲安安。」宋高宗同意趙鼎的主張，確定岳飛改駐荊湖北路的首府鄂縣（今湖北鄂州），自此岳家軍的大本營就定在了鄂州。

紹興四年（1134 年）九月，偽齊劉豫[98]發動秋季攻勢伐宋，揚言要「直搗僭壘，務使六合混一」。劉光世不戰退兵江南，將整個淮南西路相讓。張俊主張劃長江而守，結果，幾路宋軍全部防守於江南，張俊軍守常州，韓世忠軍守鎮江府，劉光世軍守建康府。長江北面的廬州（治合肥）知州、兼淮南西路安撫使仇悆拒絕執行其上級劉光世的撤退命令，劉光世派統制張琦來問罪，仇悆說：「若輩無守土責，吾當以死殉國！寇未至而逃，人何賴焉！」張琦只好作罷。仇悆以召募來的廬州和壽州（治下蔡，今安徽鳳台縣）守軍幾百人和二千鄉兵幾次打退偽齊攻勢。所幸岳家軍由鄂州趕到，統制徐慶和牛皋先勝一仗，岳飛後親自趕到擊敗偽齊軍，解了廬州之圍。

紹興五年（1135 年），岳飛剿滅楊么[99]後，楊么軍壯丁六萬人大都編入岳家軍，岳家軍規模從三萬多人增加到十萬人左右，岳家軍以後直到岳飛被宋高宗所害，也大體維持十萬左右之數量。麾下主要將領包括中軍統制

98 https://baike.baidu.hk/item/%E5%81%BD%E9%BD%8A/2289249
99 https://baike.baidu.hk/item/%E6%A5%8A%E5%B9%BA/8192396

王貴、前軍統制張憲、徐慶、牛皋和董先。

紹興七年（1137年）二月，岳飛因在商虢的戰功，被加太尉。

岳飛在收到十二道金牌班師回朝之時自稱「十年之力，廢於一旦」。岳飛回到京城之後向高宗請辭。高宗當時沒有答應他的辭呈。次年（紹興11年）四月，拜樞密副使（從一品）。但是這次，岳飛請求拿回兵權，未得允許。

紹興十一年農曆十二月廿九（1142年1月27日）除夕之夜，高宗下詔「特賜死」，在杭州大理寺風波亭命自鴆，並把岳飛梟首。

岳飛功成名就之時回到張渚鎮，因為即將離開，在房東張大年的屏風上題詞：

好憤河朔，起自相台，總發從軍，小大歷二百餘戰。雖未及遠涉夷荒，討曲巢穴，亦且快國讎之萬一。今又提一壘孤軍，振起宜興，建康之城，一舉而復，賊擁入江，倉皇宵遁，所恨不能匹馬不回耳！今且休兵養卒，蓄銳待敵。如或朝廷見念賜予器甲，使之完備，頒降功賞，使人蒙恩；即當深入虜庭，縛賊主喋血馬前，盡屠夷種，迎二聖復還京師，取故地再上版籍。他時過此，勒功金石，豈不快哉！此心一發，天地知之，知我者知之。建炎四年六月望日，河朔岳飛書」。短短幾行文述，說明岳飛的景行與抱負，提供歷史學者很好的資料。

宋真宗、宋仁宗、劉太后、呂夷簡

呂夷簡在咸平三年（1000年）中進士。曾繼晏殊出任西溪（今江蘇東台）鹽官。在西溪時，是愛民的好地方官，當時西溪人家都種植牡丹花，夷簡也好此道，遠近傳為美談。

仁宗天聖七年（1029年），夷簡拜相，主持中書省達二十年，是宋朝開國以來最長久的宰輔，史傳對其評價不錯：「自仁宗初立，太后臨朝十餘年，天下晏然，夷簡之力為多」，史稱「夷簡當國柄最久，雖數為言者低，帝眷倚不衰」。

夷簡政治上偏於保守，因附和仁宗罷黜皇后郭清悟，遭到攻訐。對西夏用兵，增加歲幣，支出大增。當時北宋階級矛盾和民族矛盾激化，要求改革之聲浪不絕於耳，呂夷簡指責宋祁、范仲淹這些不滿統治現狀的人是「朋黨」，對他們加以打擊排斥。

慶曆三年（1043年），宋仁宗決意改革，罷了呂夷簡的宰相兼樞密使職事，任命范仲淹為參知政事，推行「慶曆新政」。

劉皇后本名無記載，或稱她為劉娥，出身卑微。因丈夫龔美家貧而改嫁，進入當時尚為親王的宋真宗趙恆王府中，成為他的寵妾。當時，趙恆乳母秦國夫人不喜

歡劉娥，堅持將她逐出王府。趙恆不得不逐出劉娥，安
置別地。後趙恆向乳母請求，接回劉娥。趙恆登基、繼
妻郭皇后逝世，有意立劉娥爲繼後，但因劉娥出身低而
無法爲繼後，後來眞宗與劉皇后用一計借腹生子而成功
登上皇后。

　　李宸妃死後，劉太后聽從丞相呂夷簡意見，將李宸
妃以一品禮安葬。劉太后死後仁宗得知自己生母是宸妃
一事，正打算找太后的宗族算帳。呂夷簡勸仁宗劉太后
厚葬宸妃，且對皇帝有養育之恩，仁宗才放過了劉氏一
族。劉皇后在宋眞宗死後，因仁宗年幼而訓政，實際上
控制著當時的朝政。

宋仁宗生母章懿皇后
養母保慶皇太后、范仲淹

　　乾興元年（1022 年）二月，眞宗崩，仁宗即帝位，
時年 13 歲，由嫡母劉太后攝政；1023 年改年號爲天聖；
1033 年，劉太后歸政，仁宗親政；1063 年駕崩於汴梁皇
宮中，享年 52 歲，在位 41 年，爲宋朝在位時間最長的
皇帝。民間流傳「狸貓換太子」中的太子就是影射宋仁
宗。劉皇后在宋眞宗死後，因仁宗年幼而訓政，實際上
控制著當時的朝政。

李宸妃與劉太后

　　章懿皇后（987年～1032年），李氏，杭州人，宋眞宗妃嬪，宋仁宗趙禎生母。祖父李延嗣，仕錢氏，爲金華縣主簿；父李仁德爲左班殿直，母董氏。

　　李氏在父親過世、繼母攜子改嫁後，削髮爲尼，後來爲劉氏在寺中發現她美貌出眾，便帶著李氏入宮。初入宮時，李氏爲劉美人的侍兒。宋眞宗任命李氏爲司寢。當時，眞宗寵愛劉氏，想立爲后，奈何劉氏家世並不顯赫，又無子嗣，群臣不服。正苦惱的時候，李氏夢到仙人降生爲己子。眞宗與劉氏大喜，想出「借腹生子」的辦法。逐讓李氏侍寢，李氏懷孕後，隨眞宗臨砌台，鬢上玉釵不愼墜落。眞宗心中暗暗祈禱：如果玉釵完好無損，必爲男孩。侍從拾起釵，果然完好無損。眞宗甚喜。李氏在大中祥符三年（1010年）四月生下皇子，眞宗對外聲稱是劉氏所生，取名趙受益（後來的宋仁宗趙禎），封爲德妃，而李氏只封爲崇陽縣君。後來李氏又生下女兒，九年（1016年）二月，晉封爲五品才人，不久此女夭折。與眞宗長女惠國公主是否是同一人，無從考證。

　　大中祥符五年（1012 年），劉氏被冊立爲皇后。天禧二年（1018年）二月，李氏進封從一品婉儀，地位高於宰相孫女沈氏（時爲婕妤）和名將之女曹氏（時爲充媛）及節度使之女戴氏（時爲修儀），僅次於楊淑妃。1022年三月眞宗逝世，兒子宋仁宗即位後，劉皇后被尊爲皇

太后。乾興元年（1022 年）四月，李氏進順容，遷往眞
宗永定陵守陵。劉太后又命劉美、張懷德訪其親屬，其
弟李用和居京城以鑿紙錢爲業，補三班奉職，累遷至右
侍禁、閤門邸侯。仁宗雖爲其子，然而眞宗將之歸於劉
氏名下，並與楊淑妃一同視養[100]。李氏也毫無怨言，終
其一生，未以天子之母而自傲。

　　天聖十年（1032 年）三月，進封宸妃[101]。是月四日，
李氏的曾祖父母、祖父母和父母三代獲得了追贈。明道
元年（1032 年）二月，病重，遣太醫視望，二十六日，
崩，年四十六。起初，劉太后只想以普通宮人的身份殯
葬了事，然而聽了吏部尙書、門下侍郎、同中書門下平
章事、監修國史呂夷簡的勸說，以一品禮儀給李妃在皇
儀殿治喪，並給李妃穿上皇太后冠服下葬。三月，葬於
洪福禪院西北隅，命翰林學士馮元攝鴻臚卿、入內內侍
省押班盧守勳、上御藥張懷德監護葬事，命三司使、兵
部侍郎晏殊撰墓誌銘。是月，弟李用和特遷禮賓副使。

---

100 宋眞宗去世之後，宋仁宗登基爲帝，劉娥被尊爲皇太后，淑妃爲太妃。
　　因爲皇帝年幼，所以劉娥臨朝稱制，掌握國家大權。這個時候，等於
　　是楊太妃一個人照顧宋仁宗了。仁宗那個時候稱劉太后爲「大娘娘」，
　　楊太妃爲「小娘娘」。
　　劉娥去世後（明道二年（1033 年），宋仁宗感念養母楊太妃養育之恩，
　　尊楊太妃爲皇太后，稱保慶皇太后。

101 李宸妃
　　https://zh.wikipedia.org/wiki/%E7%AB%A0%E6%87%BF%E6%9D%8E%E7
　　%9A%87%E5%90%8E

明道二年（1033 年）三月二十九日，劉太后病逝，燕王趙元儼告訴宋仁宗：「陛下是李宸妃所生，李宸妃死於非命。」宋仁宗為母親守喪哀傷過度疲勞過度，多日沒有上朝，下哀痛的詔書自責。四月，尊為皇太后，諡號莊懿（履正志和曰莊，溫柔聖善曰懿）。宋仁宗又去洪福院祭告李宸妃，換棺材的時候親自哭著看了母親的儀容，李宸妃的容貌仿佛生前，帽子和衣服和皇太后一樣，屍體用水銀保養，所以沒有朽壞。宋仁宗感嘆地說：「人言怎麼可以信！」劉家尊封更勝往昔。十月，陪葬永定陵，靈位奉祀於奉慈廟。又於景靈宮建神御殿，殿稱廣孝。慶曆四年（1044 年）十一月，仁宗改生母李氏諡為章懿皇后，與劉太后一同升祔太廟。封李用和為彰信軍節度使，寵賚甚渥。仁宗既而追念不已，顧無以厚其家，乃以福康公主下嫁李用和之子。李妃有一個養女，她被仁宗命為伯父昭成太子趙元僖的養女，封樂安郡主，嫁張承衍。

　　明道元年，1032 年二月，范仲淹 44 歲，仁宗生母李宸妃卒；范仲淹屢上奏疏，勸以唐中宗朝上官婕妤、賀妻氏賣墨敕斜封官事為鑒。

　　明道二年，1033 年三月，范仲淹 45 歲，劉太后薨，仁宗親政。四月，范仲淹被召回京任右司諫。上疏諫不應立楊太妃為太后，又建議全劉太后之德，勸帝恪盡子道。

范仲淹與老子故里知縣黎德潤

明道二年（1033），45 歲，上奏乞以通州吳遵路救災事蹟頒諸郡爲法，又請追恤含冤自縊身亡的前知衛眞（治今河南鹿邑）縣事黎德潤[102]。員外郎黎德潤知老子故里衛眞縣，光明磊落，清正廉潔，抑制富豪不法，決斷疑案，處處爲百姓謀利，深受百姓愛戴。然淮南東路豪州官吏，營私舞弊，公開進行賄賂，極力搜刮百姓，黎德潤一向剛介廉直，對上官的行爲極力不恥，據此上書朝廷彈劾貪官汙吏十餘人，因此受罰。這些人爲報仇糾結起來一同誣告黎德潤，重金賄賂來辦差遣官，因而宣布黎有罪，黎悲憤不已在獄中自縊而死。按衛眞縣在楚國稱苦縣，唐朝乾封元年（666 年），高宗以玄元皇帝老聃生於此，改谷陽縣置，治所在今河南省鹿邑縣東。屬亳州。載初元年（689 年），改爲仙源縣，神龍初年復。北宋大中祥符七年（1014 年），改名衛眞縣。

重要附錄爲何選列

死前遺表：

范仲淹死後，按例呈上遺表，給皇帝知悉自己亡，

---

[102] https://zh.wikipedia.org/wiki/%E7%9C%9F%E6%BA%90%E5%8E%BF

一般人會在遺表上建請恩賞遺族或提拔為官，但是范仲淹並沒有如此做，情操令人欽敬，主要可能有幾個因素：

1.自己的兒子在朝廷已有成就。

2.范仲淹榜中進士當上地方官後曾經對其親族告誡，要遵守國法，不可因此而為非做殆。

3.慶曆新政中有關任子，磨勘等做成改革的要點。

伯夷頌：

　　內文載有「士之特立獨行，適於義而已，不顧人之是非，皆豪傑之士，信道篤而自知明也。若伯夷者，窮天地亙萬世而不顧者也。昭乎日月不足為明，崒乎泰山不足為高」。為何？乃信道篤而自知明也。誠心堅定相信自己所存知所依行之道，因而可以為之犧牲而在所不惜的程度。讀書人特力獨行，只有豪傑之士方能不顧人之是非，范仲淹推崇伯夷之不顧他人是非乃古今中外唯獨，其信道篤自知之明乃日月之明也不足與比，泰山之高亦不足與立的獨行其道，「終不食周栗而寧餓死」。

唐狄梁公碑：

　　范仲淹讀書人性格，對於歷史有名人物，不吝加以修纂，讓後世人可以了解他所致事的人之一切，進而效法而用於所任崗位上造福人民。范仲淹被貶知潤州前往報到時路經狄梁公所任過縣令之地，當地人士為之立碑，也許記載不足，也許破舊於是乃為其重新做碑。

　　狄仁傑（630 年～704 年），字懷英，號德英，唐代

并州陽曲縣（今山西省太原市小店區）人。爲唐朝、武周時的著名宰相，剛正廉明，執法不阿，以身護法。任大理寺丞，一年中判決了大量的積壓案件，涉及到一萬七千人，無冤訴者。先後舉薦了張柬之、桓彥范、敬暉、竇懷貞及姚崇等數十位幹練的官員，皆爲唐朝中興之臣，朝中政風爲之一變。有人對他說：「天下桃李，悉在公門矣。」狄仁傑回答：「舉賢爲國，非爲私也。」狄仁傑曾犯顏直諫，力勸武則天續立唐嗣，唐祚得以維繫。一生上承貞觀之治、下啓開元盛世的武則天時代，爲國貢獻卓著[103]。

范仲淹的碑上說「公之勳德，不可殫言。有論議數十萬言，李邕載之《別傳》。論者謂松柏不夭，金石不柔，受於天焉。公爲大理丞，抗天子而不屈。在豫州日，拒元帥而不下。及居相位，而能復廢主，以正天下之本。豈非剛正之氣出乎誠性，見於事業？當時優游薦紳之中，顛而不扶；危而不持者，亦何以哉」！范仲淹貶守鄱陽，移丹徒郡，道過彭澤，進謁狄梁公之祠而述。

另一件事范仲淹在景佑元年（1034），46歲，被貶謫至睦州（今浙江桐廬、建德、淳安），四月至睦州任所。憑弔嚴子陵釣台，重修嚴子陵祠堂，建龍山書院[104]。嚴子凌是誰請看網訊如下：

---

103 https://zh.wikipedia.org/wiki/%E7%8B%84%E4%BB%81%E6%9D%B0
104 https://zh.wikipedia.org/wiki/%E7%8B%84%E4%BB%81%E6%9D%B0

嚴子陵釣台位於浙江桐廬縣南十五公里富春山麓，是浙江省著名旅遊勝地之一，也是浙江省文物保護單位。東漢文士嚴光，字子陵會稽餘姚人，少年時與漢光武帝劉秀是要好的同窗。劉秀起兵，嚴光積極幫助，及劉秀稱帝，嚴光隱姓埋名，垂釣於富春江畔，光武帝多次延聘，二人嘗同床共臥，暢敘達旦，然而嚴光仍不為所動，寧願退隱於富春山。後人皆稱頌嚴光高風亮節，不為高官厚祿所動。

上資政晏侍郎書：

說明所作所為乃忠於國，誠於君，有其必要那樣作，范仲淹提出十三點論述說明，最後請伺郎裁奪要支持學生范仲淹，或者加以廣宣訴彼不適為官，斷其前途。

岳陽樓記：

不以物喜不以己悲，先天下之憂而憂，後天下之樂而樂的天下千古名言，是如何成就的加以研究。

十事疏原文：

百度百科，這是他擔任參知政事前的疏文，全盤了解之後，就能知曉何以先為。

上張右丞書：

范仲淹在西溪任鹽官，要去收稅時，看到當時環境之下，如果緊催則民苦，如果不收則又有辱公職，於是上書張右丞，述說理由並提出解決方案修護捍海堰，結

果得到張佑丞的各方協助，方得順利完成。

范文正公神道碑文：

是由宋仁宗交付歐陽修寫成，這篇文章能提供讀者更正確認識范仲淹的一切。

范文正公墓誌銘文：

此文由好朋友富弼所寫，對於范仲淹的一生，明確的述明，此文與上述一文，是記載范仲淹詳細正確的一生。

後 記

　　爲了研究范仲淹，隨時買書共有十三種，以做爲研究參考準備，但是網路進步太快，幾乎可以提供所有有關資訊，如各個百科，專網等都從谷歌顯現出來，使得這本書眞的是靠網路搜尋得到主題有關資料引用或選摘，感謝網路發達提供的方便，不必跑圖書館，不必從書本閱讀。這本書裡邊想得到的答案如何爲西夏人所佩服及慶曆新政改革內容等從范仲淹新傳，程應鏐著，得到有關西夏出將，及參知政事入相極爲詳細的資訊故爾加以摘錄，讓筆者得到想要的答案，也跟讀者分享，謹此致謝。後續的研究無可置疑的將以這些書籍做爲經緯來探討。

　　十三本參考書籍如下所列：

《北宋重臣范仲淹》，鄔家聲著，漢欣文化，民國
　　84.1.出版。

《范仲淹新傳》，程應鏐著，上海人民出版社，
　　2016.7.出版。

《范仲淹的人生哲學》，王耀輝著，中國人生叢書，
　　民 86.7.出版。

《范仲淹全集上中下》，紀念范文正公逝世九百五

十周年，四川大學出版社，2002,9.出版。

《宋詩別裁，張景興等選》，王雲五主編，台灣商務
　　書館，民 61.2.出版。

《宋范文正公（仲淹）年譜》，附補遺及言行拾遺，
　　台灣商務印書館，宋蘇軾朱熹序，王雲五主編，
　　民 67.3.出版。

《宋代史實質疑》，林天蔚著，台灣商務印書館，民
　　76.10.出版。

《全唐宋詞尋幽探微》，墨人著，台灣商務印書館，
　　民 78.6.出版。

《宋代詩文縱談》，黃啓方著，台灣商務印書館，民
　　68.8.出版。

《新譯范文正公選集》，沈松勤、王興華注釋、葉國
　　樑校閱，三民書局印行，民 86.11.出版。

《西夏王朝》，唐榮堯著，北京，中信出版社，
　　2015.10.出版。

　　本書寫到此仍感意猶未盡，故而提出下列幾點以爲
補足：

磨勘及任子制度

　　磨勘及任子制度加上致仕恩澤，遺表恩澤，退休或
死亡都可爲子孫求得官職，經過八十餘年有一千多人當
上官，滿朝文武盡皆是，約佔仁宗朝一萬七千人的百分

之十，這樣產生的官除了能力不足又缺訓練，因此做事、領導、管理、打仗都不行，而打仗時官階低者先出戰所傳下惡習，導致國勢更加積弱。

最可悲的是社會上氛圍呈現做事的人興利除弊，往往被看做生事，阻饒、妒忌、非笑即隨之而來，一有差錯便被擠陷；不做事，尸位素餐，即使能力極差，人望極次，甚至為人所不齒，照例年限一到升官進秩，坐至卿監丞郎。

范仲淹鑒於此認為國家得人則治，失人則亂，因此基本上立郡學，興學舉才養才，推舉人才分級辦理：由二府選用諸路轉運使，提點刑獄及大州的知州；由兩制（翰林學士起草皇帝詔令稱內制，他官加知制誥官銜起草皇帝詔令稱外制），御史台，開封府，諸路監司選用知州、通判；知州、通判選用知縣、縣令。

這種思想做為在東方亞洲的地方存在幾千年，弊病是組織虛胖效率變差，嚴重者能亡國滅種。

儒者應當有所為

儒者應當通天地人之理，明古今治亂之源，士有純明樸茂之美，而無教學養成之法，是不行的，地方辦學可以在所屬官員中選用教授，不足之數可由鄉里宿學有道業的人充當。學生要在學三百天才能參與秋試，曾經參加過考試者，可以減學一百天，考試三場，第一二場策論，第三場考詩賦。取消從前的貼經墨義。

北宋能臣
范仲淹

這種思維與做法從整體面提升百姓的素質，考上的
進士為官服務百姓，形成善循環。

捍海堰與兩個能吏

張綸，（962～1036 年），字公信，小字昌言，北宋
汝陰（原阜陽縣）人。起家三班奉職，遷右班殿直。跟
從雷有終討平鎮壓王均之亂，擢閣門祇候、益彭簡等州
都巡檢使，歷任知州及監司，興利除害，頗有循政，累
遷東上閣門使、知潁州事。

張綸出任江淮制置鹽運副使時，改革鹽稅舊制，增
設鹽場，使鹽課扭虧為盈。後張綸代知泰州，三次上表，
請修海堰，率民工修海堤 75 公里，使當地農業生產得
以恢復和發展，受到百姓擁戴，為他建生祠以表敬重，
景佑三年，去世，時年七十五歲。

范仲淹監西溪後給張之白去信說，今復吏於海隅葭
茨之中，與國家補錙銖之利，緩則罹咎，猛且賊民，窮
荒絕島，人不堪其憂，尚何道之可進……，請求緩徵鹽
稅，並向上司江淮制置發運副使張綸詳提修築捍海堰之
法與預算，兩人看法甚合，於是張綸向朝廷上表。經二
駁三申，天聖元年（1023 年），朝廷任命范仲淹為興化
縣令，主修捍海堰。再調監楚州糧科院助其完工。

范仲淹主持修築時中途受創兩百餘工傷亡，於是朝
廷派兩淮轉運使胡令儀來了解，最後也同意續建。范仲
淹丁憂時張綸還幫忙挑起修築任務，終於合力完成。

與狄梁公之淵源

公之先，始居河內，後徙于長安。唐垂拱中，履冰相則天，以文章稱，實公之遠祖也。四代祖隋，唐末爲邠州良鄉主薄，遭亂奔二浙，家于蘇之吳縣，自爾遂爲吳人。時中原多故，王澤不能逮遠，於是世食錢氏之祿。蘇州糧料判官夢齡，以才德雄江右，即公之曾王父也。判官生贊時，幼聰警，嘗舉神童，位秘書監，集《春秋》，泊歷朝史爲《資談錄》六十卷行于時。秘監生墉，博學善屬文，累佐諸王幕府。端拱初，隨錢椒納國，終武寧軍節度掌書記。公即掌書記之第三子也。(以上爲富弼爲范仲淹寫之墓誌銘上所載)說及范仲淹遠祖范履冰與狄梁公同則天朝爲相之機緣。

景佑黨爭的呂夷簡

范仲淹爲韓琦舉薦出將抵禦西夏後被調北來恢復天章閣待制，知永興軍，未到任又改任爲陝西都轉運使。到任不久便提出安邊以實關中說，五月，宰相張士遜致仕，呂夷簡三次入相，他第二次罷相是與王曾不和。

入相後，建請仁宗加官爵與范仲淹，獲升爲龍圖閣直學士，並寫信鼓勵范仲淹。范仲淹回信說自己，「效賈生慟哭太息，而朝廷方屬太平，不喜生事，因此得罪了皇帝與大臣，被認爲狂士」范仲淹認爲，只不過是陸龜蒙所說的，草木之性，「其本不怪，乘陽而生，小已遏不伸不直，而大醜彰於形質，而天下指之爲怪木，豈天性

之然哉」。

　　回信中也說郭子儀和李光弼兩人關係恰如今之兩人之關係，「昔郭汾陽與李臨懷有隙，不交一言，及討安祿山之亂，則握手泣別，勉以忠義，終平劇盜，實二公之力」。他讚美夷簡有汾陽之心而自己卻缺乏臨懷之才之力，但必盡心盡意。

　　感謝白象文化所有團隊成員分工合作，促成此書快速能出版並入銷售網及做成電子書呈現於廣大讀者面前供彼選擇，進入了解古聖先賢景行情操，達到本書分享的目的。謹此致謝。

　　　　　　　　　　　　　　　林正國謹識 2022.01.

國家圖書館出版品預行編目資料

北宋能臣范仲淹／林正國編著. －初版.－臺中
市：白象文化事業有限公司，2022.4
　　面；　公分.
ISBN 978-626-7105-38-2（平裝）

1.CST：（宋）范仲淹 2.CST：傳記
782.8514　　　　　　　　　111001333

北宋能臣范仲淹

編　　著　林正國
校　　對　林正國
發 行 人　張輝潭
出版發行　白象文化事業有限公司
　　　　　412台中市大里區科技路1號8樓之2（台中軟體園區）
　　　　　出版專線：（04）2496-5995　　傳真：（04）2496-9901
　　　　　401台中市東區和平街228巷44號（經銷部）
　　　　　購書專線：（04）2220-8589　　傳真：（04）2220-8505
專案主編　李婕
出版編印　林榮威、陳逸儒、黃麗穎、水邊、陳媁婷、李婕
設計創意　張禮南、何佳諠
經紀企劃　張輝潭、徐錦淳、廖書湘
經銷推廣　李莉吟、莊博亞、劉育姍、李佩諭
行銷宣傳　黃姿虹、沈若瑜
營運管理　林金郎、曾千薰
印　　刷　百通科技股份有限公司
初版一刷　2022 年 4 月
定　　價　300 元

白象文化　印書小舖　出版・經銷・宣傳・設計
www.ElephantWhite.com.tw　自費出版的領導者　購書 白象文化生活館